Xerxes the Great

Jacob Abbott

薛西斯大帝

欧亚结合部与希波战争

全景插图版

［美］雅各布·阿伯特 著

公文慧 译

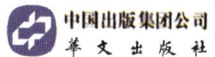

图书在版编目（CIP）数据

薛西斯大帝 / (美)雅各布·阿伯特著；公文慧译. -- 北京：华文出版社，2018.5

（美国国家图书馆珍藏名传）

ISBN 978-7-5075-4891-4

Ⅰ. ①薛… Ⅱ. ①雅… ②公… Ⅲ. ①薛西斯一世－传记 Ⅳ. ①K833.737=2

中国版本图书馆CIP数据核字(2018)第083848号

薛西斯大帝：欧亚结合部与希波战争

作　者：	[美]雅各布·阿伯特
译　者：	公文慧
选题策划：	华盛世章
插图供应：	029—85504182
责任编辑：	胡慧华
出版发行：	华文出版社
社　　址：	北京市西城区广外大街305号8区2号楼
邮政编码：	100055
网　　址：	http://www.hwcbs.com.cn
电　　话：	总编室010—58336239　发行部010—58336267
	责任编辑010—58336197
经　　销：	新华书店
印　　刷：	北京画中画印刷有限公司
开　　本：	880×1230　1/32
印　　张：	8.5
字　　数：	150千字
版　　次：	2018年6月第1版
印　　次：	2018年6月第1次印刷
标准书号：	ISBN 978-7-5075-4891-4
定　　价：	39.00元

版权所有　侵权必究

出版说明

《美国国家图书馆珍藏名传》共22册,作者是美国著名历史学家、教育家雅各布·阿伯特。他以独特的视角研究公元前7世纪到公元18世纪2500年的世界史,最后写出了这套影响深远的人物传记。读者能通过阅读这些风云人物,更好地理解那段历史、那段时光,这是我们出版这套书的最大良善。为更好地使读者全面了解该丛书,现作如下说明:

一、关于版本。据不完全统计,这套丛书的英文版多达上百个。其中,以哈伯兄弟出版公司于1904年出版的版本最具代表性和权威性。本丛书正是根据该版翻译而成,以保证版本的质量。

二、关于插图。这些人物距现代已经很久远了。读者可能会问:他们长什么样子?穿什么衣服?仗是如何打的?外交是如何谈的……为了让读者更形象地了解当时的历史，我们精心为各书选配了约百幅插图。这些插图包括但不限于油画和版画。我们希望，通过品味插图的艺术之美，读者获得一种不是穿越胜似穿越的强烈体验，从而更好地对当时的风土人情有更直观的体察。

三、关于注释。为了确保内容的正确性、权威性，版权方进行了大量的考证工作。考证的结果以注释的形式体现。另外，内文中很多涉及地图的地方，我们尽量尊重作者，尊重历史，保存原貌，如有出入，请读者认真分辨。

四、关于译者。本丛书由多所大学的一线英语老师及教授翻译而成。各位老师治学严谨，文笔优美，为确保丛书的质量奉献良多。在此，深表敬意。

尽管出版前我们做了许多工作，但不足之处实难避免，欢迎读者朋友多提宝贵意见。

原 序

在设计和编排这套丛书时,我就想着是否可以把它们改变为学校使用的教材。历史总体纲要经常被用作教材,如果在适当的教育阶段,学生的思想足够成熟,知识储备足够丰富,那么,在凭借此类教材学习的过程中,他们便能够理解书中所概括、浓缩的一个民族的全部历史,从而获益无穷。当然了,如果学生的思想没有成熟到这个程度,知识储备也不够丰富,那么,在利用这类教材学习的时候,他们往往会去机械记忆一些名字、日期以及历史名词,这时,他们的兴趣很难被激发出来,更别说从书本中获取有益的知识、与图书进行思想的交流了。不过,如果这些对历史还不太熟悉的学生能够把他们的注意力先集中在一些相互独立的话题上,比如说这些书中相对独立的主题上,那么他们也能够受益匪浅。

通过这套丛书，他们既可以全面地学习一个个君主的生平，又可以通过书中对单个事件的描述来更全面地了解事情的细节，从而把历史与现实联系起来。他们会思考从书中读到的材料，会推理书中提到的主人公行为动机，会注意到主人公的性情变化历程。同时，他们也会注意到书中所记录的行为及其结果，分析其因果关系，思考赏罚的原因——是道德与智慧推动的呢，还是罪恶与愚蠢导致的呢？他们所阅读的都是历史上真实发生的事情，而不是虚构的小说，通过阅读，他们不仅可以丰富自己的历史知识，还可以提升自己的思想深度和灵魂高度。在阅读中，他们通过思考、推理，享受在历史学习中，成熟的心灵所获得的真正乐趣。这样的阅读培训能够帮助学会适当的阅读方法。

　　因此，如果把这些书改编为教材的话，学生在使用这些教材的时候，便能一直处于思考状态。我们在每章开头设立章节索引的目的是为了帮助学生的学习：这些说明性的文字既可以成为学习的主题，又可以在教师的简单设计下变成需要思考的问题。为了方便课程的划分，我们的每本书都遵循着这样的规则。

目　录

第一章　薛西斯大帝之母 ·················· 001

波斯的历史地位——薛西斯大帝之母——冈比西斯——伟大征服者们的作为——他们行动的主要动力——居鲁士——冈比西斯的性格和事业——冈比西斯的妻子——冈比西斯迎娶妹妹——冈比西斯之死——奸诈的祭司——斯梅尔迪之死——大流士继位——阿托莎生病——希腊的医生——阿托莎的承诺——阿托莎与大流士的对话——远征希腊——医生逃跑——阿托莎的四个儿子——阿托巴赞争论——有关继承人的争论——薛西斯和阿托巴赞——阿托莎的影响——斯巴达的逃犯——大流士之死

第二章　埃及和意大利 ·················· 021

薛西斯继承王位——阿尔塔巴诺斯的决定——大流士未完成的战争——埃及人和希腊人的特点——埃及和希腊的建筑——尼罗河三角洲——埃及少雨——河水泛滥时的埃及——三大理论——普通百姓对于尼罗河水泛滥的看法——埃及法老弗伦的故事——标尺的使用——金字塔的漫长历史——埃及是他国征服的对象——埃及与波斯的关系——薛西斯决定先征服埃及——返回苏萨城

| 第三章 | 远征前的辩论 ················· 041

薛西斯的谋士们——阿尔塔巴诺斯的性格特点——他给薛西斯的建议——爱奥尼亚人的叛乱——首次入侵希腊——薛西斯的讲话——薛西斯提议建桥——马尔多尼乌斯对希腊人的蔑视——阿尔塔巴诺斯反对开战——达提斯溃败——薛西斯不悦——薛西斯感到不安——薛西斯的梦——阿尔塔巴诺的梦——薛西斯决定进攻希腊——幽灵的真实身份

| 第四章 | 进攻希腊的准备工作 ················· 061

各行省收到指令——募集军费——薛西斯的准备工作——四年的准备期限——武器和粮草——修建战船——波斯占领爱琴海北部——危机重重的航程——薛西斯的远征计划——可怕的暴风——马尔多尼乌斯舰队遇难——运河计划——粮仓和货舱——薛西斯离开苏萨城——薛西斯会见皮西耶斯——皮西耶斯的财富——皮西耶斯的真性情——薛西斯杀死皮西耶斯之子——金矿和银矿——薛西斯招降遭拒

| 第五章 | 横渡达达尼尔海峡 ················· 081

小亚细亚的冬天——桥梁毁灭——薛西斯愤慨不已——薛西斯惩罚大海——新桥建成——从萨迪斯出发——行军队列的顺序——薛西斯的战车——随军人员——盛大的献祭——战士们的生存条件——艾达山上的风暴——军队检阅——薛西斯不禁哭泣——阿尔塔巴诺斯的回应——薛西斯对于爱奥尼亚人的看法——薛西斯允许阿尔塔巴诺斯回波斯——海战演习——薛西斯的讲话——过桥花费的时间——混乱的场面

第六章 | 多利斯卡斯 ………………………………… 101

海陆两军分头行动——克森尼索——马力查河——多利斯卡斯平原——阿拉伯和埃及的军团——军队总人数——各个国家的队伍——王室的永生侍卫——薛西斯检阅军队——女舰队司令——狄马拉图斯的故事——斯巴达国王阿里斯托——狄马拉图斯描述的斯巴达人——薛西斯惊讶不已——狄马拉图斯感激大流士——狄马拉图斯维护斯巴达人——薛西斯重新启程——斯特里蒙河——人祭——工程师的葬礼——盛宴——狂欢的场景——荒芜人烟的土地

第七章 | 希腊的防御准备 ………………………………… 125

希腊人——希腊的两座主要城邦——希腊的国王——斯巴达的两位国王——两位国王的政治体制的起源——双生子——两大阵营形成——斯巴达人的特点——萨巴达和雅典蔑视波斯人——空白的简札——雅典城的恐慌——希腊人求问德尔菲神谕——神谕的回复——雅典舰队——提米斯托克利——联盟的提议——斯巴达和雅典的会议——使臣出使阿戈斯——使臣出使西西里岛——杰隆的要求——使臣前往克基拉——需要解决的问题——塞萨利传递的消息——马其顿国王的建议——希腊军队退守塞莫皮莱——薛西斯巡查塞萨利——迷人的自然景观——薛西斯在奥林匹克狭道的对话

第八章 | 薛西斯进军希腊 ………………………………… 149

波斯军队的行进——舰队的航行——西阿苏斯岛——埃维厄岛——阿提密西安和埃夫里普狭道——阿提卡——萨罗尼克湾——萨拉米斯岛——百姓的激愤——舰队的前行——十支侦察舰队——不标准的献祭仪式——一位具有英雄气概的希腊人——船员逃跑——警报开始扩散——波斯的侦察战舰返回——舰队前行——舰队在一个海湾停泊——暴风雨即将来临——失事船只遭抢掠——

著名潜水员斯库里亚斯——希腊舰队的纠纷——雅典人的处境——尤利比亚德担任舰队指挥官——希腊会议上的争论——波斯的防范措施——希腊人决定开战——暴风雨之夜——暴风雨后的平静——埃维厄人的恐惧——希腊军舰撤退——岩石上的铭文——波斯舰队将领至塞莫皮莱狭道

| 第九章 | 塞莫皮莱之战 ………………………………… 169

塞莫皮莱狭道——古代的堑壕——塞莫皮莱的视野——联盟军——斯巴达人利奥尼达斯——对于守卫塞莫皮莱狭道的不同意见——斯巴达人的骄傲——斯巴达人为迎战装扮自己——薛西斯的前进——波斯的骑兵——骑兵汇报勘察的结果——薛西斯与狄马拉图斯的谈话——薛西斯在狭道内驻扎——薛西斯派兵进入狭道——波斯先遣部队战败——王室永生侍卫领命出战——王室永生侍卫被击退——厄菲阿尔特叛变——福基斯人撤退——波斯人包围希腊人——利奥尼达斯的决心——薛西斯发起攻击——利奥尼达斯之死——薛西斯查看战场——薛西斯派人去请狄马拉图斯——他与狄马拉图斯的对话——海军将领的反对意见——薛西斯的决定

| 第十章 | 焚毁雅典城 ………………………………… 189

希腊舰队退至萨拉米斯岛——塞萨利人——他们对福基斯人的仇恨——塞萨利人战败——福基斯人的诡计——幽灵似的士兵——塞萨利的骑兵队伍——给骑兵设置的陷阱——滔天暴行——德尔斐圣城——帕纳塞斯山——卡斯塔利亚泉——神灵感应——德尔菲人的恐慌——神谕的回应——波斯分队的挫败——圣灵武士——雅典人惊慌失措——雅典领袖建议百姓逃跑——一些雅典百姓留在城内——雅典卫城的位置——密涅瓦女神雕像——薛西斯到达雅典——雅典城的焚毁——薛西斯得意洋洋

| 第十一章 | 萨拉米斯海战 207

萨拉米斯岛的位置——希腊舰队的策略——磋商和争论——会议陷入混乱——会议重新召开——提米斯托克利受到指责——萨拉米斯岛的逃亡者——尤利比亚德决定留在萨拉米斯岛——地震——薛西斯召开战时会议——波斯官员的观点——阿尔泰米西娅反对攻击希腊舰队——参会人员的不同感受——提米斯托克利的大胆计谋——波斯人采取措施——波斯人包围了希腊舰队——亚里斯泰迪斯带来的消息产生的影响——帕拉埃提乌斯的冒险精神——最后的战事准备——薛西斯的宝座——提米斯托克利的讲话——恐慌与混乱——战争开始——阿尔泰米西娅的计谋——阿尔泰米西娅攻击达玛西提摩斯——波斯人撤退——希腊舰队获胜——薛西斯决定逃跑——古老预言的实现

| 第十二章 | 薛西斯返回波斯 239

马尔多尼乌斯的忧虑——薛西斯很沮丧——马尔多尼乌斯请愿——薛西斯与阿尔泰米西娅协商——阿尔泰米西娅的犹豫不决——薛西斯采纳了阿尔泰米西娅的建议——薛西斯的不安与日俱增——薛西斯开始撤退——希腊舰队追逐波斯舰队——将领之间的争论——提米斯托克利的意见遭到否决——提米斯托克利给薛西斯传信——薛西斯撤退——饥荒和疾病——薛西斯穿过达达尼尔海峡——薛西斯回到苏萨城——薛西斯的放荡生活——他的三个儿子——护卫首领阿尔塔巴诺斯——阿尔塔巴诺斯刺杀薛西斯——亚达薛西杀死大哥——亚达薛西成功登上王位

| 附　录 | 专有名词英汉对照 253

第一章

薛西斯大帝之母

精彩看点

波斯的历史地位——薛西斯大帝之母——冈比西斯——伟大征服者们的作为——他们行动的主要动力——居鲁士——冈比西斯的性格和事业——冈比西斯的妻子——冈比西斯迎娶妹妹——冈比西斯之死——奸诈的祭司——斯梅尔迪之死——大流士继位——阿托莎生病——希腊的医生——阿托莎的承诺——阿托莎与大流士的对话——远征希腊——医生逃跑——阿托莎的四个儿子——阿托巴赞争论——有关继承人的争论——薛西斯和阿托巴赞——阿托莎的影响——斯巴达的逃犯——大流士之死

第一章　薛西斯大帝之母

说起薛西斯大帝，人们首先想到的就是他显赫的地位及他所成就的人类事业的巅峰。薛西斯大帝是古波斯帝国最鼎盛和繁荣时期的统治者。即使是在希腊历史学家所讲述的故事里，薛西斯大帝的崇高和盛名也没有丝毫的丧失。希腊人击败了薛西斯大帝，但是在讲述这段历史的时候，他们也是极力地描述渲染波斯帝国所拥有的财富、权力以及资源，以此来颂扬自身的伟大和声誉。

薛西斯大帝的母亲是阿托莎。阿托莎的父亲是波斯帝国的缔造者居鲁士大帝。居鲁士在位于黑海和里海北部的蛮荒之地锡西厄遭人杀害。他的儿子冈比西斯继承了王位。

在古代，一个国家或帝国实力强弱与否主要是看这个国家拥有多少地产，地产是统治者持有的一种财富，统治者的主要治理途径就是不断扩大自己的领地，然后更好地享受生活。

国王或帝王可以拥有比普通人更多的宫殿、钱财以及妻子；如果他是专横傲慢之人或是有雄心壮志，那么他就会进军别国领地，发起各种军事行动。战斗既能满足他们的征服欲，也能给予他们骁勇善战的盛名。战斗结束之后，他们会将邻国君王的宫殿、财富以及妻子都占为己有。

神的旨意是一种神秘的力量，它能支配人们内心的冲动和热情，也能让某些特定邪恶的一面衍生出善和美。总之，神的力量让统治者的雄心与自私演变为维持秩序统管百姓的重要力量。

举个例子，如果这些伟大的君王无法将百姓纳入正规完备的社会体系当中，让整个社会的商业和农业活动井然有序地进行，那么他就无法征收赋税，招募军队，或是储备活动物资。因此，不管这些专制君主有多么的野心勃勃、自私自利或是刚愎自用，他们都特别想要在自己的统治区域内建立起人与人之间的秩序和公正。实际上，他们越有野心，越自私甚至越骄傲，他们的这种愿望就会越强烈；也正是因为获得了秩序，产业以及国家内部的安宁，一个国家才得以征收赋税，招募军队，维持和平。

其实人们一直有一个错觉，认为历史上那些伟大的

第一章 薛西斯大帝之母

英雄、君王或是征服者们的所作所为带来的多是动荡和混乱。诚然，他们的举兵之举、围攻行动、武装入侵或是进行的其他局部或短暂的暴力冲突会带来动荡和混乱。但这些只是例外，并非规律。动荡和混乱肯定是例外，因为无论是从哪个角度来看，募集和供养一支军队比摧毁一支军队更需要社会的组织管理、农商产业的发展以及国家的稳定和平。长期以来人们更关注、印象也更深刻的是这些伟大征服者们所采取的具有破坏性的行径，而不曾关注他们在社会管理方面进行的低调而耐心的完善举措。尽管这些举措鲜为人知，但是这些行动所耗费的精力的确超出了人们的想象。因此，如果我们要用一个词来形容凯撒的一生，那"建立"欧洲这个词比"征服"欧洲更贴切。在位期间他修建了桥梁、道路，创制了司法体系和历法，还铸造了货币，通过一系列类似的方法和途径促进社会的组织管理。此外，为了更好地促进社会经济的发展并维护国家和平，他还开展了诸多基础设施建设，这一切都是这位伟大的征服者为人类社会发展所作出的贡献，这些远比他所发起的战争和取得的战绩更应该受到人们的关注。同样，古波斯帝国国王大流士是亚洲的建立者。征服者威廉一世完成了或者更确切地说是加快了英格兰的社会组织管理进程。而说起拿破仑，人们真正应该记住的是他完善了社会制度、社会体系和

图为颇具世界眼光的波斯帝国君主大流士大帝

图为罗马帝国的奠基者凯撒大帝,莱昂内尔·罗耶(Lionel Royer,1852—1926)绘

图为法兰西第一帝国的缔造者拿破仑一世,爱德华·德塔耶(Edouard Detaille,1848—1912)绘

图为改变英国历史的征服者威廉一世

社会法典并将它们成功运用到社会管理中,而不仅仅是那个陈列于旺多姆广场的火炮铜柱。

尽管人们很少注意到这些方面,但是很显然,从道德层面上讲,这些举措并不会给这些伟人的形象添彩或减分。因为无论是社会功能的组织和体系化,还是征服和毁灭的血腥之举,在很大程度上来说,自私自利的野心才是他们的真正驱动力。他们对国家的组织管理其实是想要为自己的权力奠定坚实的基础;他们维持社会和平和秩序是为了平息奴隶们的争端不和,因为劳工之间的和平共处直接影响经济生产产量;他们会修正和界定人们的合法权利,并建立法庭来确保人们得以实施权利;他们保护私有财产,统计人口数目并进行划分;他们还修建道路桥梁;倡导发展商业;他们绞杀盗贼,剿灭海盗。正是在这些举措的保障之下,征收赋税和募集军队才得以顺利进行。实际上,他们中很多人可能还有更高贵的情操。就像是视察那些运营良好、盈利颇丰的生产性地产的业主一样,他们中的一些人也会因为建立了一个如此伟大、繁荣、富强的帝国而倍感骄傲与自豪。其他人则就像韦塞克斯国王阿尔弗雷德一样,他们会特别关注百姓福祉,因此或多或少地把提升百姓的幸福作为事业的直接目标。然而不可否认的是,一直以来,自私和鲁莽的野心是

第一章　薛西斯大帝之母

英雄们和征服者们行动的主要动力源泉,尽管他们只是想扩大自身权势,但是这一野心经由神明智慧所构思出来的特殊机制,转化为维持而不是摧毁人类和平与秩序的主要手段。

回到阿托莎本人。她的父亲居鲁士建立了伟大的波斯帝国。作为一位英雄和征服者,他非常体贴且有正义感,非常想要促进数百万百姓的福祉和幸福;他的儿子冈比西斯,也就是阿托莎的兄弟,从小到大一直期待能够继承父亲的财产和权力。但是,就像世代那些有钱有权的家庭里的孩子一样,他从小就被父亲忽视,几乎不曾管教过他,因此他最终变得野蛮、残暴、骄傲、自私和难以管教。正如前文提到的那样,他的父亲在战斗中

图为居鲁士遇害后,其头颅被放进陶盆中的情景,彼得·保罗·鲁宾斯(Peter Paul Rubens,1577—1604)绘

意外遇害，后来冈比西斯继承了帝位。冈比西斯在位时间很短，且期间历经多次险境，最终悲惨地死去。实际上，他是历史上为数不多的几个最野蛮、最残暴也是最糟糕的恶人之一。

那时的波斯国王可以娶多位妻子，还有更重要的一点是，国王驾崩之后，继任者不仅可以继承王位，还可以得到他的家人。居鲁士的妻子们给他生下了很多孩子，只有冈比西斯和司美尔迪斯两个儿子，其它的都是女儿，其中阿托莎最为有名。那时宫廷里的女眷都住在各自的宫中，或是住在同一宫殿的不同苑里，因此平日里她们并无多大的交集。冈比西斯继承了父亲的王位，入住到父皇的宫殿之中。在那里，他看见了一位皇妹，并很快爱上了她。他想娶她为妻，因为他历来都是由着自己的性子想干嘛就会干嘛。但是现在他有一点顾虑，不知道自己的这一行为是否恰当。于是，他就询问波斯的法官。法官们讨论了一下，然后回复冈比西斯说，他们已经查阅了波斯的相关律法，尽管没有条例明文规定一个人可以和自己的姐妹结婚，但是很多律法都提到波斯国王可以按照自己的意志行事。

于是，冈比西斯就娶了自己的一个妹妹，不久之后，他又娶了另一位妹妹为妻。其中一位公主就是阿托莎。

冈比西斯进攻埃及，在这场疯狂的征途中，他杀死

第一章 薛西斯大帝之母

了自己的兄弟司美尔迪斯和一个姐妹,最后他自己也被杀害。阿托莎从这场可怕的风波中逃离出来,冈比西斯死后她安全地回到了苏萨城。

如果冈比西斯没有杀死司美尔迪斯的话,那么他死后司美尔迪斯就是王位的继承人。但是,冈比西斯秘密处决了司美尔迪斯,而执行这一死刑的那些人一直死守着这个秘密。波斯的都城苏萨城还有一位名叫司美尔迪斯的祭司,当时祭司也是一种牧师。当初冈比西斯离开的时候,曾把政权暂时交由他代为掌管。冈比西斯死后,这位祭司生了篡位之意,于是他假借秘密被处决的王子司美尔迪斯的名义,精心策划了许多计谋来掩盖自己篡位的事实。其中一项计谋就是他从不出现在公众场合,

图为苏萨城遗址,威廉·亨利·古德伊尔
(William Henry Goodyear,1846—1923)绘

只跟几位未曾见过真正的司美尔迪斯王子的忠仆待在一起。此外，他从不与任何见过真正司美尔迪斯王子的人见面，以防有人在背后议论，或是成为别人娱乐消遣的谈资。正如前文所讲述，宫廷的女眷之间来往甚少，国王冈比西斯死后，她们之间的交集更少了，而司美尔迪斯更是让后宫妃嫔和公主们之间疏远漠离到极致。通过这一手段，他得以篡位数月竟也无人察觉，在这数月间，尽管他享尽皇宫的奢靡生活，但却不敢面见朝臣，惶惶不可终日。

司美尔迪斯之所以不敢出现在公众场合，有一个主要原因就是他害怕别人看到他的耳朵。很多年前，司美尔迪斯的职位还不高，不知何故他得罪了国王，国王一怒之下竟然命人割掉了他的耳朵。为了防止有人发现他没了耳朵，司美尔迪斯一直用头发或头饰小心地将耳朵部位遮住。可即便如此，他还是感到非常没有安全感。

最后，宫廷一位精明且善于观察的贵族开始怀疑这个国王是假的。他没有办法接近司美尔迪斯亲自核实，但是他的女儿帕蒂玛是司美尔迪斯的妻子。他见不到自己的女儿，只能想办法给女儿送信，询问她的丈夫到底是不是真的司美尔迪斯。他的女儿回复说她自己也不知道，因为她从不知道还有第二个司美尔迪斯。于是这位贵族试着想联系阿托莎，但却怎么也联系不到。正因为

第一章 薛西斯大帝之母

阿托莎非常了解自己的兄弟，因此祭司才会专门将她隔绝起来。最后实在没有办法了，贵族让他的女儿找机会趁国王睡着的时候摸摸他的耳朵。他也知道这样做会很危险，但是他觉得女儿应该要这么做，毕竟，她应该会比其他人更想知道她的丈夫是不是冒名顶替之人。起初帕蒂玛非常害怕，不敢接受这项危险的任务，但是最终还是鼓起了勇气。有一天晚上，她趁司美尔迪斯在躺椅上睡觉的时候将手伸到了他的头巾下，摸到司美尔迪斯竟真的没有耳朵。

帕蒂玛发现真相之后，他的父亲立即与人秘密谋划废黜假冒的司美尔迪斯，消灭篡位者。计划很成功，他们杀死了司美尔迪斯，释放了那些被囚禁的妃嫔。大流士登上了王位。

在这种略显奇特的继承关系中，阿托莎成了大流士的妻子。在大流士统治的这段漫长而辉煌的历史时期内，阿托莎的名字频繁地出现在史册中。

阿托莎的名字之所以载入史册是因为她与大流士派兵远征希腊和意大利密切相连。事实上，正是她促成了这次远征。有一天她病了，她一直默默忍受病痛的折磨，不愿意跟其他人诉说。最后她决定咨询一位希腊的医生。这名医生名叫迪莫赛迪斯，是波斯人抓来的俘虏，他因其高超的医疗知识和技能而在苏萨城内颇负盛名。这位

图为登上王位的大流士

第一章 薛西斯大帝之母

医生告诉阿托莎,除非她答应他的一个请求,否则就拒绝给她治疗。阿托莎想事先问清楚他的要求是什么,但是医生不告诉她,而是保证说所要求之事不会损害她的名誉。

在当时的条件下,阿托莎答应了医生的请求。迪莫赛迪斯让阿托莎发誓,如果他能治好阿托莎,那么只要他的请求正当合理,不损害阿托莎的名誉,那么阿托莎必须答应帮他完成。然后他开始为阿托莎看病,为她开药并亲自照料。在预期的时间内阿托莎痊愈了。然后迪莫赛迪斯告诉阿托莎他的要求就是让阿托莎劝说大流士送他回国。

阿托莎很忠于她的承诺。她趁着外人不在场的时候单独和大流士交谈起来,然后建议大流士波斯可以开始对外扩张了。她提醒大流士现在他手握重兵,军械设备齐全,凭借这些他完全可以扩张疆域。接着,阿托莎还赞扬了大流士的英明能干,试图激发起大流士内心想要施展一番宏图的雄心壮志。

大流士颇有兴致地听了阿托莎的建议,然后他告诉阿托莎其实他自己已经想到了一些计划。他将在达达尼尔海峡和博斯普鲁斯海峡之间修建一座桥梁,从而将欧亚大陆连接起来;此外,他还准备入侵锡西厄人的国家,锡西厄人曾打败了他的祖先居鲁士并将他杀害。如果他能成功地征服那些打败居鲁士大帝的人，那对他来说将是一个巨大的荣耀。

但是大流士的这些计划并不符合阿托莎劝说的初衷。她规劝丈夫以后再入侵锡西厄，现在应该先征服希腊，然后将希腊的领土并入波斯。她还解释说锡西厄都是蛮夷之人，不值一提，而希腊多文雅博学之士，如果能将希腊征服，那将是一份无价之宝。她想让大流士入侵希腊还有一个私人原因，就是一直以来她都想要一些来自斯巴达、科林斯以及雅典的女性奴隶，因为她早就对她们的风度和修养有所耳闻。

如果真的听从阿托莎的建议，率军出征欧洲，征服强国希腊，然后把那些有风度和修养的侍女作为礼物送给自己的王后，似乎这也是一个不错的选择。因此，当他听到阿托莎所提的建议和阐释的理由时，大流士兴奋地难以自抑。显然他极有可能同意阿托莎的看法。最终他同意先派出一支先遣部队去希腊打探消息，然后回来后汇报探察结果；大流士还决定让希腊医生率领这支部队前往，至此阿托莎的目的已经达到。

我们在稍后讲述大流士大帝的历史时会详细描述这场远征以及这支队伍在途中遭遇的各种冒险历程。但是这里要讲的是希腊医生迪莫赛迪斯最终成功地逃出了希腊。起初他假装不愿意去，然后当他最终决定要走的时

第一章 薛西斯大帝之母

候也仅仅是简单收拾了一番,深怕国王知悉他走了就再也不会回来的意图。与此同时,国王也设计了一些计谋想要确定这个希腊医生在行业内是否靠谱,但最终还是没能识破假象。于是,这支先遣部队出发了。那位希腊医生再也没有回来。

阿托莎有四个儿子,其中薛西斯是她的长子。但是薛西斯却不是大流士的长子。因为在阿托莎之前大流士

图为希腊医生迪莫赛迪斯的半身像,绘者信息不详

还不曾继承王位的时候，他已经和其他妻子生过几个儿子。这些孩子中最年长的儿子是阿托巴赞。阿托巴赞是一位性格温和品德高尚的王子，本身并没有强大的野心和抱负。但是因为他是长子，所以他一直宣称自己是王位继承人。阿托莎并不赞同他的观点，坚持认为自己的长子薛西斯才是合法继承人。

这个问题在大流士驾崩之前必须得到解决；而现在大流士即将率军远征希腊。在此之前，根据波斯的律法和惯例，他必须决定继承人到底是哪一位。

于是，薛西斯和阿托巴赞的朋友们和支持者们立即展开了激烈的辩论，双方都争先宣称自己支持的候选人继承王位。阿托巴赞的母亲和朋友坚持说阿托巴赞是所有孩子里面最年长的一个儿子，理所应当继承王位。但是阿托莎声称薛西斯是居鲁士大帝的孙子，因此薛西斯拥有继承波斯王位的最高世袭权。

从某些方面来说，阿托莎的一些观点的确是事实，居鲁士的确是帝国建造者和合法的君王，而大流士本身的确没有世袭权。大流士最先只是一位社会阶级地位比较高的贵族，而并非皇室血脉；他之所以能在革命时期继承王位，完全是因为当时居鲁士的皇室中并无继承王位的王子。因此，那些倾向于坚持合法继承权的人也许更乐意将大流士的统治权称为摄政权。薛西斯是阿托莎的长子，而阿托莎是居鲁士的女儿，因此薛西斯是真正的皇室血脉；尽管在大流士在世的时候讨论继承权的问题不太合宜，但是大流士死后，毫无悬念薛西斯才有继承权。

虽然这样推理下来很合理公正，但是大流士似乎不是那么乐意这一结果，毕竟这样推理选出继承人仿佛是在否定自己本人当波斯国王的合法性和有效性。这样的话与其说死后王位是传给自己的儿子，不如说是传给居鲁士的孙子；尽管薛西斯既是大流士的儿子也是居鲁士的孙子，但是继承人的分析选定似乎只是依照薛西斯是居鲁士的孙子这项事实进行的。阿托莎对这项分析却是十分满意和骄傲的，因为这样分析的话薛西斯就是作为自己而非丈夫的儿子和继承人才得以继承王位的。因此大流士似乎对这项决议不是特别满意。大流士犹豫了很久，不知道是否该接受这样一项决议。尽管阿托莎在大流士的心目中一直高高在上，而且阿托莎在波斯朝廷中的影响力也很大，但是大流士还是不愿意承认自己的王位和头衔没有合法性，从而让居鲁士的孙子比自己的长子更具优先权。

当事情发展到这里的时候，一位名叫德马拉托斯的希腊人来到苏萨城。他是一位被废黜的希腊王子，他从自己国家的政治暴乱中逃到波斯的都城来寻求庇护。他想到一个办法,这个办法既可以保留大流士国王的尊严与骄傲,又可以协调大流士作为丈夫和父亲这两个身份时所产生的矛盾。他告诉大流士,根据希腊的继承法,薛西斯既是他的继承人也是居鲁士的继承人,而薛西斯是大流士继承王位之后所生的长子。根据希腊人的观点来看,只有在父亲继承王位之后出生的孩子才可以继承王位。因此,在他继位之前出生的那些孩子都无权继承波斯国王位。总之,大流士的儿子阿托巴赞只能做贵族,而薛西斯才能继承王位。

最后,大流士采纳了希腊王子的这个观点,然后指定薛西斯为王位继承人。如果他在远征时没能安全回来,则薛西斯继承王位。他的确没能回来。在远征还未开始时他就死了。继承的问题似乎也没有完全敲定,因为大流士死后,人们就继承权的问题又进行了一番讨论。最终这个问题是如何解决的,我们会在下一章具体谈到。

第二章

埃及和意大利

精彩看点

薛西斯继承王位——阿尔塔巴诺斯的决定——大流士未完成的战争——埃及人和希腊人的特点——埃及和希腊的建筑——尼罗河三角洲——埃及少雨——河水泛滥时的埃及——三大理论——普通百姓对于尼罗河水泛滥的看法——埃及法老弗伦的故事——标尺的使用——金字塔的漫长历史——埃及是他国征服的对象——埃及与波斯的关系——薛西斯决定先征服埃及——返回苏萨城

第二章 埃及和意大利

虽然大流士驾崩之前对继承王位的人选做了相关安排，但是他驾崩之后，王位继承权的问题再一次受到争议。大流士驾崩的消息传回波斯的时候，薛西斯正好在场，于是立即着手接管王权。那时他的兄弟阿托巴赞并不在场。薛西斯立即派人给阿托巴赞送信，通知他父王驾崩，而自己正准备登基。然后他还说到，如果自己真的做了国王，他会让阿托巴赞成为那个一人之下万人之上的人，并享有相应的职位和荣誉。此外，他还赠送了许多奢华的礼物给阿托巴赞，从而获得阿托巴赞的信任，谋求他的支持。

阿托巴赞回复薛西斯说他很感谢薛西斯送给自己的礼物，他很开心地收下了。他还说到，一直以来他所想的都是自己应该继承王位。但是在继承王位这个问题上，他其实更应该考虑的是用最大的诚意来对待和尊重自己的兄弟，尤其是薛西斯。

之后，阿托巴赞来到米堤亚地区，薛西斯也在那里。接着宫廷贵族再一次讨论起阿托巴赞和薛西斯谁应该继承王位的问题。最终，大流士的兄弟阿尔塔巴诺斯举办了一场公众听证会，而他则是这两个争夺王位继承权的王子们的叔叔。之所以让他来主持这场听众会，有可能是因为他之前组织过此类的公共事务，因此他有责任来考量和决定这个问题；也有可能是因为人们专门委托他来做裁判来处理这个棘手的问题。起初薛西斯非常不情愿这样的裁决申辩。因为他觉得王位本就属于自己。此外，他觉得自己父亲已经指定他继承王位，如果此刻还要在叔叔面前就这个问题进行辩论，那他就丧失了所有的优势，而且他觉得这也不是叔叔阿尔塔巴诺斯能够决定的。

但是，阿托莎建议薛西斯接受这个提议，把王位继承权的问题交给阿尔塔巴诺斯。阿尔塔巴诺斯会公平公正地处理这个问题。她很肯定阿尔塔巴诺斯一定会支持薛西斯。她还说到，"如果他不支持你，让你丢了王位，那你也是一人之下万人之上，两种结果的差别其实也不会太大。"

阿托莎似乎隐隐知道阿尔塔巴诺斯会怎样决定。

尽管薛西斯非常不情愿，但他最终还是决定参加这

第二章　埃及和意大利

场听证会。阿尔塔巴诺斯组织了一场严肃庄重的宫廷会议，所有的贵族和高级官员都到场进行听证。国王的宝座就在旁边，会议结果一出，辩论胜出的那位王子就可以直接登上国王的宝座。阿尔塔巴诺斯听取了双方的辩护，最终决定王位属于薛西斯。阿托巴赞即刻默认了这一决定，还幽默地率先向薛西斯鞠躬行礼表达敬意，然后亲自引导薛西斯登上宝座。

薛西斯也遵守了自己的诺言，让阿托巴赞成为仅次于自己的得力干将。他任命阿托巴赞担任军队的最高职务，而阿托巴赞也以极大的热忱效忠薛西斯，直到最后战死沙场。这些我们后面会谈到。

薛西斯的父亲大流士驾崩之前发起了对埃及和希腊的战争。薛西斯继位之后，他要解决的首要问题就是要决定先攻打埃及还是希腊。

查看一下地图的话，读者们就会发现波斯帝国的疆域向西扩张已经到达小亚细亚和地中海海岸。从这个方向上来看，波斯的北部就是希腊，而南部则是埃及。它们一个在欧洲，一个在非洲。希腊和埃及都是实力雄厚经济富裕的国家，不仅土地肥沃，而且风景宜人。就两国的特色和人口特点来看，二者又是极为不同。埃及属于狭长的内陆谷地，而希腊则坐落于海上，由不计其数的岛屿、岬角和半岛以及辽阔的海岸组成，四周都流淌着湛蓝的地中海海水。埃及是一个平原，它仅仅通过多样的植被，城镇和山谷，以及人工堆积的高耸的金字塔建筑而显得多样化。希腊是一个风景如画的地方，山川峡谷、悬崖峭壁、蜿蜒的海滩、岩石林立的海岬以及高耸的海角，景色千变万化。两国特有的土壤物理构象也孕育出秉性与才智各不相同的百姓。埃及的百姓属于安静温和地耕种的民族，他们终其一生都在不断从河里取水，辛勤地平整土地，或是在麦浪中收割。希腊人则是在山间牧养牛羊，或是在林间和山间的偏僻之所捕猎野生动物。为了航海他们建造了战舰；他们开采矿井生产金属；他们造桥梁，修宫殿、庙宇，建城镇，还从山的岩层凿出大理石来雕刻塑像。让人惊讶的是，埃及和希

图为一幅壁画，生动展现了
古埃及人耕种和收割的情景

第二章 埃及和意大利

腊的海拔差异只有几千英尺,但是这两个地方的人的聪明才智和性格特点的差异竟然如此之大。

正如两国的自然特色一样,埃及和希腊的建筑景观也非常多样,每一处的建筑都能和谐地嵌入当地的景色中,而这种和谐既有突出和对比,又不是完全呼应的。在希腊,因为它本身的风景就比较壮丽宏伟,因此建筑师只需要关注美就好。在险峰、悬崖、瀑布以及海浪不断冲刷的海岸建造那种体现建筑的恢弘壮丽的想法是荒谬的。于是,希腊的艺术家们不再受本能的驱使去做那番尝试。他们转而建造了漂亮的庙宇,庙宇白色对称的柱廊装点着陡坡,或矗立在峰顶。他们还雕刻塑像,然

帕特农神庙是古希腊庙宇的重要代表之一,图为从雅典卫城山门一眼望去的帕特农神庙,爱德华·多德维尔(Edward Dodwell,1767—1832)绘

后将它们立到树林或公园的基座上。他们还修筑了喷泉，在长距离的拱道和码头修桥梁和高架渠。在他们的巧手中，边缘参差不齐的石块还能用来建造哨塔、城垛和城墙。而埃及本身就是一块平坦无垠的平原，建筑师充分利用了空间的高度和广度，从而使得埃及建筑物的规模比较宏大。因此，各种各样的巨型石柱和雕像、高耸的方尖碑和金字塔就像座高山一样矗立在碧绿的平原之上。就这样，自然赋予这块地方特有的美景，而人类则在这块风景中添加了宏伟壮观的元素。

埃及的图形和样子特别像是摆放在地上的一条蛇形的一英尺宽一码长的绿色绸缎；为了描绘得更准确一点，

古埃及的建筑物气势恢宏，历史悠久，其中最具神秘性和地标性的就是狮身人面像，图为它的远景展现，大卫·罗伯茨（David Roberts，1796—1864）绘

第二章　埃及和意大利

我们可以想象尼罗河就像是从这条绿色绸带中心穿行的一条银丝。真正的绿色峡谷并不像那条象征它的绿色绸带一样宽度一致，而是在靠近海口处宽度拓宽，仿佛是

巨型石柱、栩栩如生的雕像、直插云霄的方尖碑，这都是古埃及的文化结晶，图为19世纪初《对埃及的描述》中的一幅插画，形象展现了古埃及建筑的宏伟壮观，绘者信息不详

由尼罗河的沉淀物冲积而成的海湾或三角湾。

实际上，尼罗河的泥沙在入海处冲积而成的肥沃平原是突进地中海的，尼罗河在距离河口一百公里左右自行分成三大分支，其中最外围的东西分支外加前方的海岸形成一个巨大的三角形，这个三角形也被称为三角洲，这个名称来源于希腊字母"delta"，而"delta"表示的就是一个三角形符号"Δ"。若从尼罗河三角洲向上游追溯，你会发现这块肥沃的平原起初有25米或30米宽，但是慢慢地这个宽度开始越变越窄，因为河流两旁贫瘠的山脉和荒漠化的沙地离河流越来越近。因此可以说，这个国家主要是由两条长形的肥沃地带组成，两边各有一条河流流经。在薛西斯时代，尼罗河三角洲地带人口非常稠密，每一处高地都有村庄和城镇分布。那时人们开垦土地，耕种大量的谷物，其中大部分谷物都会被运到尼罗河河口装船。商船穿过地中海，最后人们把谷物销往欧亚各国。开着大篷车的车队偶尔也穿过沙漠地带来购买埃及的谷物。圣经中提到说，当迦南地区遭受饥荒之时，雅各布的儿子们也曾来到埃及购买谷物。

从古至今，埃及一直存在两大自然奇观：第一，埃及从不下雨，或者说，正因此埃及特别少雨，因此埃及人将下雨视为一种神奇的现象。就像是英格兰或美国爆发地震一样，下雨对埃及人来说也是一件破坏自然常态的事件。雨滴穿过云层从空中坠下，这个现象太奇怪了，人们甚至都无法用语言描述它，因此人们既震惊又敬畏。此外，埃及还没有雪，没有冰雹，空中甚至没有云，这些东西在埃及非常少见。这样的气象特点是由这个地方长期稳定的自然条件所决定的，直到今天亦没有改变。住在尼罗河岸边的那些阿拉伯人依旧种植农作物。作物丰收的时候，人们就会把谷物堆在空地上，而他们的屋子也不需要屋顶，只需要一层轻薄的覆盖物来保护居民不被晒伤即可。

埃及的另一个自然奇观就是尼罗河每年都会泛滥。每年仲夏，尼罗河两岸的农民就会发现河水开始逐渐上涨。水势上涨之后，河水就开始变浑浊。这样的水位上涨似乎来得毫无缘由，因为天空依旧湛蓝清澈，阳光依旧直射地照耀着大地，而且似乎比往常还要强烈。然而，当地的居民对此并不讶异，也不会寻求解释这种现象。对他们而言，这种情况是这个季节的正常现象。从他们孩提时代起，每年他们都会看到这种现象。因此，当特定的月份来临，尽管他们会怀疑今年的洪水是否泛滥，但是当尼罗河水真的泛滥起来，他们一点都不会惊讶。

水位上涨，周边地区的水渠和低地都灌满了河水，这一切都在提醒人们河水即将泛滥，这时人们就开始着手进行各种准备工作。人们会把所有的谷物都收割回来，然后把所有的水果和谷物都储备到建在高地上的无顶的粮仓中。那里的东西不会受到泛滥的河水的影响。河水的上涨是非常缓慢的。河水开始溢向四周，湖泊和池塘的水位也一天天升高，不知不觉地淹没低地；当洪水升高淹没陆地的时候，气候依然干燥，空气还是很闷热，而天空依旧晴朗无云。

尼罗河在十月份泛滥的最为严重。十月过后，河水逐渐退去，而水漫过的地方变成泥泞黏滑的沃土。当地的居民自小就经历这些，因此已经见怪不怪，也不曾想去探究这种现象产生的缘由。但是，当时的哲学家和来埃及旅游的其他国家的游客却非常想解释这种现象。他们提出了三大理论，对此，希腊历史学家希罗多德对其依次进行了讨论。

第一种理论是说这种现象是因为十月份的时候地中海盛行北风，北风使得尼罗河河水倒灌，从而导致河水漫向河谷上游。但是希罗多德认为这种理论站不住脚跟，因为有时地中海在十月份的时候并不刮北风，但是尼罗河河水水位依旧会上涨。此外，还有其他河流会受到地中海北风的影响，致使河口海水倒灌，但是那些河流就不会像尼罗河一样泛滥。

第二种理论是说就像其它河流一样，尼罗河的水位上涨并不是受到内陆湖或是内陆山脉的影响，而是受到

图为希罗多德雕像,简·纪尧姆·莫艾特
(Jean-Guillaume Moitte,1746—1810)制

来自非洲另一侧某个遥远的海洋的影响。这个理论的拥护者认为那个海洋每年都会出现非常大的潮起潮落现象；正是这种现象导致在每年的那个时候大量的海水涌入河道。但是这个理论肯定不对，因为尼罗河泛滥的河水是淡水而不是海水，也就是说这些水并不是来自海洋。

第三种假设是说河水上涨是因为夏天的时候河水发源地的冰雪融化。对于这个理论，希罗多德的反驳依据比之前的更多也更充分。首先尼罗河是自南向北流。在这个方向上，就像旅客们能感受到的那样，每向南一里格温度就会更高，而向北一里格温度则会降低。否则，炽热的阳光将使得人们无法在这里生存。因此，认为河水发源地会有冰雪的想法是极其荒谬的。此外，尼罗河跨越的经度或者说流淌的长度是非常大的，而尼罗河沿岸当地居民的传说也是代代流传，但是从来没有听过有关冰雪的传说。因此，这种河水泛滥的理由是不合理的。

这些科学理论是哲学家们和博学之人之间的讨论，但是普通百姓的看法就比较简单，而且颇具说服力。他们给仁慈的尼罗河赋予人的生命和人格。尼罗河河水慢慢上涨，逐渐淹没平地，而当河水褪去，沉积的泥沙成为新的沃土，因此在当地的百姓看来，河水的泛滥更像是一位聪慧的智者，每年他能够用一种常人不晓得的神秘力量让河水漫过这片土地，从而带来祝福和丰收。从

第二章 埃及和意大利

这点来看的话，这条神奇的河流拥有一种神秘的力量，这种力量唤起人们对自然的敬畏和崇拜，以及对大自然馈赠的感恩。

古埃及法老弗伦的神话故事就鲜明地显示出尼罗河的神秘力量。有一次尼罗河水泛滥，法老弗伦和他的侍臣正站在河边观察水位情况。谁料突然之间狂风大作，水流湍急，漩涡翻滚，河口水位暴涨，水面波涛汹涌，洪水泛滥得比之前任何一次都严重。河水看起来就像是在发怒一样，就在这时，就像其他骄傲而傲慢的埃及法老一样，法老弗伦拿起一把标枪投向不断翻滚的漩涡，仿佛在挑战这狂暴的河水。谁知他的眼睛瞬间失明了。

尽管法老弗伦的后续发展和神秘的尼罗河河水关系不大，但故事的结局却很离奇。一段时间之后，一种神秘的超自然力量告诉法老弗伦他的惩戒期已满，只要他采用某种特定的修复办法，也就是说，只要他能找到一位品德特别高尚的女性给他洗眼睛，他的视力就可以恢复。法老弗伦先是让自己的妻子帮忙洗眼睛，但是没有效果。紧接着他又让宫里的其他妇人依次给自己洗，还是不管用。后来，他又从社会各阶层的各行各业中挑选品行高尚的人来给他洗眼睛。但是让他失望的是所有人的清洗都没有效果。最终，他找到一位农民的妻子，她的清洗竟然起了作用，法老的视力立即恢复了。法老赏赐了农民的妻子，并授予她埃及的最高荣誉，因为她的品德经受住了考验。然后他把其他那些给他洗眼睛无效的人召集起来，把他们关进一座小镇。当他把所有人都囚禁起来后，他放了一把火，把那座小镇化为了灰烬。

现在再来说说尼罗河。人们在山谷的不同部位都设立了某种柱子，并通过计算在柱子上标明肘尺和分肘尺，以此来准确地测量水位。这种柱子被称为标尺。尼罗河三角洲上游地带有一个城市叫孟斐斯，孟菲斯附近设有一个标尺，远处还有很多。直到今天，人们还会利用这种柱子测量尼罗河的水位。

人们准确测量尼罗河水位不仅是为了满足自己的好奇心，也是因为测量结果具有特别重要的商业意义。尼罗河河水的泛滥程度几乎完全决定了这片土地的肥沃度和农业产量；农民根据土地产量缴纳贡赋，而政府则依据标尺确定每年应该收缴的赋税税额。此外，人们还开凿了运河，把水源输送到远方。人们会根据水位的高低开封运河。所有事情都按照标尺上的刻度进行安排。

在薛西斯统治时期，埃及以其远古时代遗留下来的建筑遗迹和大型建筑颇负盛名。希罗多德了解到，埃及所矗立的那些金字塔也曾向拿破仑展现出同样神秘而独特的壮丽景观。就像现在的哲学家和游客一样，拿破仑也曾探究这些金字塔的起源和历史。但实际情况是，他

第二章 埃及和意大利

所知道和能够了解到的情况要比现在人们知道的更少。这种情况使人们不由地想把埃及的金字塔以及其他一些建筑奇迹的久远性与西方世界所认定的历史悠久的东西做个比较。牛津和剑桥有许多古老而庄严的学院和礼堂，它们大部分都有两三百年的历史了。伦敦市还保留了一些古代的城墙遗址，那些城墙已经矗立了 700 年。人们都认为这些遗址的年代已经足够久远。然而，不列颠以及欧洲其他地方的罗马废墟存在的时间更为久远，约于 1800 年前建成。人们参观这些遗址的时候，总会怀着一种特别惊讶和尊崇的心情，因为这些建筑经历了时间的漫长洗礼依然屹立不倒。而说起金字塔，我们若回到 2500 年前就会发现，那时的游客们就把金字塔描述为古老、庄严、神秘且未知的纪念碑，而今天人们还是这样认为。这样一来，如果金字塔是一座遥远的山，人们已经走了好远好远，但距离山依旧很远。现在，在追溯金字塔、方尖碑、巨型建筑以及巨大的尼罗河石柱的历史时，即使我们回到 2500 年前，我们依然一无所获。

这就是埃及。尽管在地理位置上埃及与其它国家隔绝，但是它土地肥沃，经济发达，因此那些有野心有壮志的征服者们很快就盯上了埃及。埃及呈狭长形绿色带状，本身的地形就比较特殊，再加上埃及的奇特自然现象，以及所反映出的人类生活的特定历史时期，这一切

意大利的古罗马废墟位于君士坦丁大帝的凯旋门附近,是古罗马帝国的中心,一切建筑历经岁月仍然屹立不倒,图为其中一处遗址,乔瓦尼·安东尼奥·卡纳尔(Giovanni Antonio Canal,1697—1768)绘

第二章 埃及和意大利

都使当时的英雄和征服者们觉得埃及是他们开阔疆域可以占领的一块极佳的荣耀之地。波斯国王居鲁士一世意欲征服埃及，但自己没能将计划付诸实施，于是将这一重任交给儿子冈比西斯。大流士在位期间将埃及收归为波斯的附属国，但是在大流士离世之时，埃及发生叛乱。叛乱发生之时，大流士正准备远征希腊，因此大流士很是困惑，不知道到底是先与埃及开战，还是先进攻希腊。犹豫不决之际，大流士突然驾崩，最终把这两个战事以及孰先孰后的问题一并交由儿子来处理。

薛西斯决定先进攻埃及，等他把尼罗河谷再次纳入波斯版图后再攻打希腊。薛西斯认为，帝国的某一块地区发生暴乱，此刻若国家领袖却在率军攻打另一个地方，那么这样的军事策略是极其危险的。薛西斯所倚仗的军队统领马尔多尼乌斯非常反对这一计划。他本人非常想先征服罗马，因为镇压埃及的叛乱，重新将埃及纳入波斯领土对他来说毫无成就感。他急于征服一块全新的领地。但是，薛西斯驳回了马尔多尼乌斯的诉求。波斯军队开始向埃及进军。途中他们经过朱迪亚，那些从巴比伦返回故土的囚犯及其后代正在重建他们的城市和国家。在那里，薛西斯不仅重申了他们拥有居鲁士和大流士时代所享有的那些特权，而且还帮他们建造城市。之后，薛西斯继续朝尼罗河行进。波斯军队很快就镇压了埃及的叛乱。离开苏萨城不到一年,薛西斯就镇压了埃及叛乱,严惩了叛乱主谋,并让自己的兄弟担任埃及的总督,之后安全地回到苏萨城。

这所有的一切都发生在他继位的第二年。

第三章

远征前的辩论

精彩看点

薛西斯的谋士们——阿尔塔巴诺斯的性格特点——他给薛西斯的建议——爱奥尼亚人的叛乱——首次入侵希腊——薛西斯的讲话——薛西斯提议建桥——马尔多尼乌斯对希腊人的蔑视——阿尔塔巴诺斯反对开战——达提斯溃败——薛西斯不悦——薛西斯感到不安——薛西斯的梦——阿尔塔巴诺的梦——薛西斯决定进攻希腊——幽灵的真实身份

第三章 远征前的辩论

　　一直以来,薛西斯在制定重大战略计划时,都会非常倚仗和看重两位重要谋士,这两位谋士分别是阿尔塔巴诺斯和马尔多尼乌斯。其中阿尔塔巴诺斯是薛西斯的叔叔,正是他最终决定将王位授予薛西斯;而马尔多尼乌斯则是薛西斯的最高军事统领。薛西斯本人非常年轻,略有一点骄傲和傲慢,他非常自信,对未来也充满希望。马尔多尼乌斯要年长薛西斯很多,他本身是名军人,因此他非常急于建立军功,赢取盛名。尽管这样的方法注定会影响百姓的幸福安康,甚至可以说还有一点邪恶,但在所有的君主制国家中,无论是怎样的世代,像他这样出身并不高贵的人获取盛名的唯一途径只能是在战场上建立军功。有的人确实可以凭借聪慧或品德高尚名垂千古;但纵观人类历史,能够在短时间内获得殊勋和荣誉的方法只有两种:一种是出身高贵;另一种就是实施杀戮或破坏。也就是说，人们要么靠遗传皇室血脉而变得高贵，要么靠杀戮获取盛名。显然，前者自然优于后者，但对普通人来说，后者显得尤为重要。一个能够洗劫一座城市的人必然能在同伴中间获得威望。马尔多尼乌斯之所以臣服于薛西斯就是因为薛西斯的祖父曾洗劫了一座城。

如今时代已然不同，骑士时代已经远去，谋杀、抢掠以及血腥的杀戮已经不复存在，而促进人类生活幸福的和平、发展的工业时代已经来临。现在，人们引起世界瞩目的方式是发展商业或制造业，为数以百万的人提供吃穿用度，或是开创国际交往、文明开化或荒漠生存的新渠道和新方法。杀戮和破坏已不再是荣耀，人们也开始渐渐淡忘了它们。

然而，在薛西斯所处的时代，人们只有在战场上才能赢得荣誉。因此马尔多尼乌斯认为，他获取盛名的唯一途径就是在世界的某个地方发起一场声势浩大的军事行动；而且，那个地方越大，越富有，他就越开心。因为这意味着他所获得的荣誉也就更多。因此，他迫不及待地用尽一切办法攻打希腊。

薛西斯的叔叔阿尔塔巴诺斯更为年长，他行事沉稳冷静。他比年轻人更懂得战争的不确定性和危险性，因此他更多的是想扼制而非驱策侄子的抱负和雄心。薛西

第三章 远征前的辩论

斯攻打埃及之前曾例举了数个不得不攻打的理由,他把埃及人对波斯的抵抗定性为叛乱。但是,这次对希腊的进攻他却说不出所以然。历史上波斯曾两次与希腊交战。第一次交战是因为希腊人帮助他们小亚细亚半岛的同胞争取独立,结果失败了。那场战役中希腊是叛乱者的帮凶。第二次是在大流士统治时期,大将达提斯率军强势入侵希腊。他们在雅典附近登陆,随后在雅典附近的马拉松战役中惨败,很多将士惨遭屠杀。历史上波斯把第一次战役称为爱奥尼亚叛乱,而把第二次战役视为首次入侵希腊。这两次战争都发生在大流士统治期间,达提斯入侵希腊的时间正好是在薛西斯继位前不久,因此很多参与那场战事的官员仍在薛西斯所在的苏萨城的宫廷和军队中任职。战争已经结束,阿尔塔巴诺斯丝毫不想重燃战火。

但是,薛西斯决意要再次攻打希腊。在着手开始备战之前,他召集了波斯的军事将领、贵族和有权势的人来听取他的计划。叙述这一事件的史学家用下列方式记录了这场辩论。

薛西斯本人率先向众人述说了自己的计划:

> 朋友们,我呼吁大家一起参与的这个计划并不是我自己设想出来的,征服希腊本就是祖

马拉松战役是希波战争中的重要战役之一,希腊以少胜多,以弱胜强,打击了波斯帝国的嚣张气焰,图为希腊士兵冲向波斯士兵的情景

第三章 远征前的辩论

先们的遗志。倘如他们还在世,他们一定会拼尽全力实现这一目标。如今,我既已继承了王位,我就有责任将这项事业进行到底。

波斯注定要称霸全世界。从居鲁士大帝征服米提亚开始,到现如今,我们波斯帝国的疆域一直在向四周扩展,除了一些偏远的蛮夷部落之外,波斯的版图几乎已经囊括了整个亚洲和非洲。而那些蛮夷与野兽共存的森林地带,压根不值得我们派兵镇压。这些疆域正是盛名远扬的先祖居鲁士大帝、大流士一世以及冈比西斯大帝凭借勇气、干劲和军事力量征服来的。他们已经攻下了亚洲和非洲;但欧洲还未划入波斯版图。因此,我有责任完成这未尽的事业。如果我的父皇还活着,他一定已经完成了这项伟业。他都已经为此做了万全的准备;但是父皇驾崩,这项事业也就留给了我。我当然不会推卸责任,一定会义不容辞将这项伟业完成。

你们一定还记得爱奥尼亚叛乱期间,雅典人无缘无故对我们开战的荒谬行径,他们与那些叛乱者和敌对分子一同向我们开战。他们穿过爱琴海,侵入我们的领地,攻占并焚毁了我们帝国西部的重要城市萨迪斯。不把雅典城化为灰烬我誓不罢休。你们中应该有很多人还记得达提斯所率领的远征军的命运。你们想要一雪前耻的决心已经无需我的敦促。我相信你们一定会满怀热情地支持我。

这次我们进攻希腊的计划与以往不同,之前我们都是用战舰把将士运过爱琴海,这次我们要横跨达达尼尔海峡建一座桥,然后直接在陆地上行军。我深信这个办法具有可行性,而且要比其他办法更安全。而修建一座跨越达达尼尔海峡的大桥本身也是一种壮举。我们可以源源不断地往那里增派作战人员,对此希腊绝对不可能抵抗不了。我们一定可以征服希腊;因为据我所知,希腊疆域内根本不存在任何其他可以与我们相抗衡的势力。我们不费吹灰之力就可以将波斯帝国的势力范围延至海岸,这样波斯的版图就可以囊括整个世界。

我相信,在实施这项伟大计划的过程中,你们一定会真诚地协助我,你们每一个人都会尽力从自己的所在区域和领地召唤尽可能多的人加入我们,并为我们尽可能地募集战备物资。对于其中表现最为突出的人,我将授予他最高的荣誉和奖赏。

第三章 远征前的辩论

这就是薛西斯在公众面前所讲的内容。最后他总结到,在这件事情上,他不想专制独裁,他希望在场的所有人都能自由地表达自己对这件事情的看法或观点。

国王薛西斯讲话的时候,马尔多尼乌斯的内心热情似火、亢奋不已。国王说的每一个词都煽动着他内心的火焰。因此,当薛西斯刚说到允许与会人员自由发言,马尔多尼乌斯就立即站了起来,真诚地说了下面一番话来支持国王的提议:

> 陛下,我非常钦佩您的高瞻远瞩和深谋远虑,您所提议的这项计划与您高贵的身份和崇高的威望特别相称。目前您所处的地位和拥有的权力是历任国王中最高的;预计之后也不会有其他国王超过您。您的目标是征服整个世界,这样的魄力无人能及。我们所有人都很钦佩您的傲骨,正是这样的傲骨才能让我们面对希腊的入侵和冒犯时不怯懦屈服。印度、埃及、埃塞俄比亚、亚述等国家从未侵扰过我们,仅仅因为扩充疆域,我们都可以将它们一并征服;而现在,希腊侵犯了我们这么多次,我们忍受了这么多的屈辱,难道我们要放弃吗?不论是

荣誉还是男子气概都不允许我们现在停下来。

我们绝不畏惧您所召唤我们参与的计划。我了解希腊人,他们根本无法抵御我们的进攻。我曾多次与希腊人交锋。我曾在小亚细亚半岛碰到过希腊人,结果你们都知道。在您的父亲大流士在位期间,我也曾在马其顿共和国和色雷斯碰到或追击过他们。尽管我率兵穿过那个国家,但希腊军队总是避开我们,我们怎么都找不到他们。他们的名号确实很响亮,但计划和部署兵力的皆是愚笨之人。且他们本身并不团结。实际上,他们操着同一种语言,但凡有点智慧的将领都可以将他们团结在一起,共同抵御外敌的包围。然而,他们分裂为众多的小城邦和王国,才智和力量在无尽的争夺中损耗殆尽。我相信,只要我们穿过达达尼尔海峡,我们就一定能够顺利抵达雅典,不会遇到任何阻力;即使真的遇到,敌兵的规模也大不到哪里去,我们能即刻将其消灭。

马尔多尼乌斯预测的其中一点非常准,后来的事实证明,波斯人到达希腊东部的塞莫皮莱,那是从北部进入希腊的主要通道,在那里波斯的队伍只碰到一支300

第三章 远征前的辩论

人兵力的防御力量。

马尔多尼乌斯发言完毕后坐了下来,此时议会场一片静默。不同于马尔多尼乌斯,面对这场充满危险和不确定性的远距离战争,波斯的贵族们和酋长们还没有下定最终的决心。毕竟战争胜利之后,薛西斯能够扩张领土,增加财富;马尔多尼乌斯能声名远扬,封官加爵;可他们这些贵族和首领能得到什么呢?然而,他们又不敢公然反对国王的计划,因此面对国王的召唤,他们保持缄默,不知道该说些什么。

国王薛西斯的叔叔,也就是德高望重的阿尔塔巴诺斯一直和其他人一样保持着沉默,其实他一直在犹豫,以他现在的年龄、身份以及自己与国王的关系,他不知道自己是不是应该提醒侄子恣意入侵希腊会危及波斯,也不知道这样做的话是否会触怒国王。最终,他还是决定说一下——

> 我的观点与马尔多尼乌斯的看法不同,希望我的话不会惹恼您。我认为我们应该听听不同的意见,毕竟对比之后才能发现哪种观点更好。我认为您刚才的提议危险重重,在正式实施计划之前,还请您三思而后行。当初,您的父亲大流士想经由多瑙河入侵锡西厄,我曾劝

他不要这么做。因为我们在这场战事中得到的东西远不足以补偿战争中我们面对困境和危险所付出的代价。但是,您的父亲否决了我的建议,执意进攻锡西厄。他横渡博斯普鲁斯海峡,穿过色雷斯,然后渡过多瑙河;但是那些人迹罕至的地方有很多的蛮夷部落,您的父亲率军与他们进行了旷日持久的战争,最后被迫放弃原定计划,返回波斯。彼时,他的军队人数只有出发时人数的一半。而现在我觉得您提出的

图为希波战争中的希腊士兵

第三章 远征前的辩论

建议也存在同样的风险,我很怕您重蹈覆辙。

一直以来人们都称希腊人为"勇猛可怕的仇敌",战争结果也证实了这一点。希腊人击败了达提斯统率的军队,波斯军队损失惨重,最终被迫撤离。我觉得您的入侵计划比达提斯的进攻还要猛。您要横跨达达尼尔海峡建一座桥,从而让波斯的军队从欧洲北部直接进入希

图为古希腊一种陶制酒杯上的画面,生动描绘了一名古希腊重装备步兵和一名波斯士兵搏斗的情景,该陶杯现存于雅典国立考古博物馆

腊，与此同时，您还要在爱琴海部署一支强大的海上舰队。但是，您要知道希腊人在那些海域的装备也非常精良，他们有可能摧毁您的舰队。假设他们真的摧毁了波斯的海上舰队，然后一路向北行进，他们就有可能进入达达尼尔海峡，然后摧毁您修建的桥梁。这样一来，他们就切断了您的退路，局势就会发生逆转，您的战队就有可能全军覆没。

  事实上，您的父亲也曾险些丧命。当他率军在多瑙河的另一面作战的时候，锡西厄人就曾前来企图毁坏跨越多瑙河的那座桥梁。要不是希斯提亚埃乌斯留下来守卫桥柱，锡西厄人早就得逞了。现在想想，若不是希斯提亚埃乌斯的忠诚和坚守，希腊士兵极有可能截杀所有的波斯士兵以及他们的统领——波斯帝国的国王，这太可怕了。如果您和您的士兵身处这样的险境，您确定自己也能如此侥幸地逃脱吗？

  而且通常兵力越强大，毁灭的速度也会越快，因为越是超凡脱俗与众不同的东西面临的危险也就相应地更可怕更惊人。这就类似于高耸的树和塔就特别容易受到雷电的袭击。

  马尔多尼乌斯说希腊人不聪慧、办事效率

第三章 远征前的辩论

低下、人也不够勇猛,他还鄙视了希腊士兵的其他方方面面。但是,我认为这样的诽谤所说的应该不是所谓的希腊人,或者说这样的责难显示出说话人的不诚实。贬低不在场的那一方是不光明磊落、不明智的,更何况不在场的那方还是敌人;我非常害怕到头来人们会发现希腊人的特质与马尔多尼乌斯所称的那些特质完全相反。一直以来希腊人都享有睿智、勇敢、高效的美名,有可能最后人们会发现希腊人的那些美名是真的。

因此,我建议您现在解散议会,深思熟虑后再做决定。也许您再考虑一下,就会打消这个念头。如果最终您还是不想放弃,那么我恳求您不要亲自出战。让马尔多尼乌斯领兵负责这场战事吧。如果他真的去了,那么我猜到最后,他一定会任由雅典或斯巴达平原上的野狗吞食您交托给给他的那些士兵。

薛西斯听到叔叔的这番言论非常生气,于是他非常愤怒地回应他。他谴责阿尔塔巴诺斯想法龌龊,胆小怕事,竟然主张波斯人向傲慢自负的希腊人屈服,这简直侮辱他自己的身份和地位。他说,阿尔塔巴诺斯若不是他父亲的亲兄弟，他一定会重重地惩罚他。接着，他还说道，"既然如此，我会执行我的计划，但是你不配与我一同前往。你就和宫里的女人和孩子待在一起，好好享受这段适合你这种软骨头的无耻时光吧。而我一定会亲自实施我的宏伟计划。即使我采纳了你那胆小的怀柔政策，我和希腊人的冲突也无法避免；因为我相信我们若不先征服希腊，他们很快就会来入侵我们的领土。"

说完这些，薛西斯解散了议会。

然而，薛西斯的内心异常不安。尽管他愤慨地驳斥了阿尔塔巴诺斯的建议，但阿尔塔巴诺斯的主张以及他提出的建议就像石头一样压在薛西斯的心头，令他倍感压抑和沮丧。他思考的时间越长，就愈加怀疑和惧怕。最终，当夜晚来临，薛西斯终于认识到阿尔塔巴诺斯是对的，自己是错的。当他决定放弃那个计划时，他的内心终于平静下来。他准备第二天一早告诉阿尔塔巴诺斯和那些贵族自己改变了计划，然后撤销召集士兵的命令。想到这里，他渐渐平静下来，然后躺到榻上去休息。

夜晚，薛西斯做了一个奇怪的梦。梦里有一位光芒四射的荣美的神站在他面前，神定睛注视了他一会儿，然后说道："你深思熟虑之后才决定入侵希腊，而且你也已经将这个计划公之于众，现在你真的打算放弃吗？国家大计变来变去实在是荒谬，更是对你的极大侮辱。

第三章 远征前的辩论

拾起你之前的计划,继续勇敢坚定地实施它。"说完这个,那个神就消失了。

第二天薛西斯醒来后,前一天发生的事情再次涌现在脑海中,并开始与昨晚梦中的场景相互交融,薛西斯变得越来越烦躁和困惑。然而,各种因素又迫使他必须做出最后的决定。前一天阿尔塔巴诺斯提出的观点和警示战胜了昨晚的虚幻梦境。最终,他决定放弃之前的计划。于是,他再次把大家召集在一起,然后告诉他们,经过一番深思熟虑,他觉得叔叔是对的,而自己是错的。因此,作战计划暂缓,召集军队的命令取消。议会成员听到这一消息都非常开心。

然而,薛西斯第二天晚上又做了一个梦。同样的情景再次出现在他的梦里,但这次那个神的面容不似前一晚那般和善,而是非常严肃。他凶神恶煞地指着受惊的国王说道,"你竟然不听我的建议,放弃了之前的进攻计划;现在我要告诉你的是,除非你立即拾起之前的计划并切实地执行,否则的话,虽然你继位的时间不长,但你垮台和灭亡的时间会更快到来。"

随后,神迅速从薛西斯的梦里消失,独留他自己惶恐不安,辗转难眠。

破晓时分,薛西斯赶忙派人请来阿尔塔巴诺斯,并向他述说了梦境。他说:"在听了你的发言之后,我好好地考虑了一番,然后决定放弃之前的计划;但现在我忍不住想,这些梦是不是神在暗示我应该入侵希腊呢?"

阿尔塔巴诺斯试图打消薛西斯的这个念头,他告诉薛西斯,梦境象征的并非是神的意志,只是人清醒时的想法变得模糊和紊乱了,这是因为人的推理判断能力因为睡眠的影响而暂停或受阻。然而,薛西斯却觉得这种说法能解释第一次异象的出现,但是第二次的警示证明梦境是超自然的神的意志。为了进一步确定这一点,薛西斯建议阿尔塔巴诺斯晚上代替他躺到国王的睡榻上,然后看看神是否还会出现。他说:"你穿上我的衣服,然后戴上王冠,坐在龙椅上。到了晚上,你可以进入我的寝殿,躺在我的睡榻上休息。如果这个异象是超自然的神的意志,那它一定会向你显现。如果它没有出现,我就相信这只是一个梦境。"

起初,阿尔塔巴诺斯并不想接受薛西斯的这番安排,因为他想不出自己穿国王衣饰假扮国王有何好处。但薛西斯坚持要他这么做,阿尔塔巴诺斯只好答应了。阿尔塔巴诺斯穿上国王的衣服,当了一晚上的国王,然后进入国王的寝殿,躺到帷帐下的睡榻上。因为他心无杂念,所以他很平静,不一会儿就睡着了。

午夜,在隔壁寝殿休息的薛西斯突然听到一声响亮而刺耳的尖叫声从国王的寝殿传来,然后就看到阿尔塔

第三章 远征前的辩论

巴诺斯一脸惊慌恐惧的表情从寝殿冲出来。阿尔塔巴诺斯也梦到了神,只不过他梦里的那个神面部表情和举止更为愤怒,它不仅谴责阿尔塔巴诺斯阻止薛西斯进攻希腊,还试图用手里准备好的烧红的烙铁把他的眼睛挖出来。阿尔塔巴诺斯吓得赶紧从睡榻上跳下来冲出房间,如果再晚点儿,他根本就逃脱不了。

阿尔塔巴诺斯说现在他确信无疑,神的意志就是让薛西斯进攻希腊,而他则要尽自己的一切力量帮助薛西斯。于是,薛西斯再一次召集议会成员,然后向人们讲述了梦境的三次显现,最终宣布波斯要立即集合军队,向希腊宣战。

在这里我想要强调的,可能在这一系列的其他书中也提到过,就是我们今天研究古代历史的时候,重要的不是确定那个历史事件的真相到底是什么,而是要关注这个在人类历史上传承了两千年的故事本身。比如,我们不需要搞清楚历史上是否真的存在赫拉克勒斯,但所有学识渊博的人都应该知道古代作家所讲述的关于赫拉克勒斯的故事。从这个角度来说,我们这一章主要是简单讲述薛西斯在位期间的历史,而不是通过这段历史辨别真伪。在讲述这段历史的过程中,我们仅仅是把古代历史学家们所记录的所谓事实本身传递给读者,然后由读者自己来确定到底相信几分。关于我们前面所讲述的故事,我再补充一点——有人认为,吓坏阿尔塔巴诺斯和薛西斯的那个神其实是马尔多尼乌斯假扮的。

第四章

进攻希腊的准备工作

精彩看点

各行省收到指令——募集军费——薛西斯的准备工作——四年的准备期限——武器和粮草——修建战船——波斯占领爱琴海北部——危机重重的航程——薛西斯的远征计划——可怕的暴风——马尔多尼乌斯舰队遇难——运河计划——粮仓和货舱——薛西斯离开苏萨城——薛西斯会见皮西耶斯——皮西耶斯的财富——皮西耶斯的真性情——薛西斯杀死皮西耶斯之子——金矿和银矿——薛西斯招降遭拒

第四章 进攻希腊的准备工作

进攻希腊的指令一经下达，迅速传至帝国的各个行省，指令要求各地各级政权都开始进行必要的备战工作，包括征集兵丁，制造武器，建造船只，储备物资。薛西斯大帝要组织的是一场声势浩大的远征行动，需要筹集大量的军费。面对所有的准备事项，薛西斯不仅开始从各个行省征集税收和贡赋，还把作战命令详实而迅速地传至亚洲所有的长官和总督那里，尤其是与波斯帝国西部边境接壤且临近希腊疆域的那几个国家。

在现代，国力强盛的国家都会在兵工厂和海军补给站储备兵器和军需品，这样在进行一些大规模的军事行动时，无论是进攻他国还是抵御别国的袭击，都可以在很短的时间内获得必要的军需物资。军费亦是如此。在应对突然出现的紧急且数额巨大的军事开支方面，现代国家比古代国家持有的优势更大。因为资金集聚在少数人手中，而人们对大多数政府的商业信誉和诚信比较放心，因此只要承诺支付年息，政府随时都可以募集到大量的金银。在这些交易中，人们会达成一个契约，那就是政府要在规定的时间内归还本金，这样就可以免除年金。但是大部分情况下，以这种方式出借的大额金钱是无法偿还的。债权方也不愿让政府偿还，因为这样的话他们就能够从本金监护中获得年度收益。因此那些信誉良好的政府都会劝说债券方降低利率，否则就一次性全额偿还债务。

借用这种方式，那些好战又贪恋战争荣誉的国家就可以将军费负担转嫁到另一方身上。但是，古代不存在这样的运作方式。薛西斯并不晓得如何募集国债，即使曾考虑过那个问题，他对波斯的库存也没有信心。他只能依靠赋税来获得军费，然后迅速制造武器和战车。为了供养招募来的这么多数量的将士，军队里就必须有足够的粮草。同时为了方便储备和管理，人们还特别修建了仓库。正如人们预料到的那样，所有的这些准备工作都需要时间；这些准备工作太过浩繁以至于做完这些工作需要四年的时间。当然，这段时间还包括了我们在上一章记述的人们讨论是否进攻希腊的时间。

在这段时间里，备战的主要场地就在小亚细亚半岛的西部和爱琴海海岸。波斯各地都收缴了税收和贡赋，

第四章　进攻希腊的准备工作

但是大部分实际物资还是从那几个离战场最近的行省收来的。每个地区都提供了当地最具特色最拿手的东西，有的地方送来了战马，有的送来了武器和军需品，有的建造了战船，还有的提供了粮草。按照功能的不同，战船的样子和构造也各不相同。有些是交战时用到的正儿八经的战船；还有的是用于运送战士和军用物品的运输船。此外，当时的工兵们还设计了许多构造古怪的船只，船身特别长，侧面是直线型的，甲板也是又平又光。这些船只是用来建造横跨达达尼尔海峡的桥梁。船身建造这么长就是为了让船只横着排列于达达尼尔海峡的时候，建桥的平台可以更宽。所有的事情都按计划有条不紊地进行。

尽管这些浩大的备战工作都是在爱琴海的亚洲海岸这侧进行的，波斯的首要行动是跨越达达尼尔海峡，但是读者们千万不要误以为此时的爱琴海欧洲海岸那侧完全是受希腊控制的，因为很久之前，爱琴海的北部以及海上的许多岛屿已经处于薛西斯的统治之下。希腊的统治区域更靠南一些，薛西斯预测到波斯军队在这里不会遇到任何的抵御力量，穿越海峡之后，波斯军队可以直达雅典附近。实际上，波斯军队所经的北部各国都已经臣服于薛西斯，因此薛西斯预测在行军途中会遇到的问题只可能是波斯军队本身的问题或是沿途的地形障碍。

难点就在达达尼尔海峡,这里本就危险重重,却要在这里以船为支点建桥;此外,还有一个更难攻克的地方,那就是阿索斯山。

爱琴海西北部的陆地上有两个或是三个突出的岬。其中最北部的那个最大的岬是因为一群巨型山体突出水面而形成的,它与陆地之间形成一个地峡。古时人们把这片多岩石的群山最高峰称为阿索斯山,因此地图上会有此处的标注。现代人们习惯于称它为"圣阿索斯山"或圣山,山上建满了中世纪的庙宇、修道院以及其他一些宗教建筑。

阿索斯山在古代历史上非常有名。山脉顺着岬绵延数英里,然后在面向大海的地方兀自形成悬崖峭壁。阿索斯山海拔非常高,每当傍晚来临,山峰的影子在落日的余晖中可以投射到20里格[①]之外的利姆诺斯岛。在古代那些航海家的眼里,阿索斯山就像是一个可怕的幽灵。每当他们去往希腊或意大利,乘着他们那简易的战舰从北部航行至此的时候,他们都能看到山顶飘满乌云,而山脚下的爱琴海也是波涛汹涌,不时发出雷鸣般的怒吼,仿佛非常不悦。让人更害怕的是,人们相传这里常常会

---

① 一种古老的长度单位。在海洋中,1里格=5.556公里;在陆地上,1里格=4.827公里。——译者注

阿索斯山上星罗棋布,宗教色彩浓郁,被东正教视为圣山,图为阿索斯山

利姆诺斯岛位于爱琴海北部,地处阿索斯山与土耳其海岸线正中,曾是受拜占庭帝国和奥斯曼帝国统治,后才回到希腊的统治下,图为希腊第一神箭手菲罗克忒斯在利姆诺斯岛上的景象,纪尧姆·吉隆·路堤(Guillaume Guillon-Lethiere,1760—1832)绘

第四章 进攻希腊的准备工作

有一些可怕且长相畸形的海怪出没。每当翻腾的海水无情地将落水的船员拍打到礁石之上,这些海怪就会出现把船员吞食掉。

薛西斯为此次远征制定的计划就是,军队穿过横跨达达尼尔海峡的大桥,然后在陆路上穿过马其顿和塞萨利,为了护送这一远征部队,沿途的海上还配有船队、运输队和战舰护送。作战队伍经由陆路可以更便捷地到达目的地,而各种各样的补给品、武器装备、物资以及军队辎重则是在水路运送起来更容易。对于薛西斯规划的护送中队绕行阿索斯山岬的决定,马尔多尼乌斯感到一丝庆幸。

实际上,马尔多尼乌斯如此庆幸窃喜有着他个人的特殊原因,因为很多年前,他自己曾经在这个地方目睹过一场可怕的灾难。灾难发生于大流士在位期间,那时马尔多尼乌斯奉大流士的命令远征他国。他率领着一支庞大的舰队沿海岸航行至此,当他正准备穿越这个可怕的岬的时候,突然刮来一阵风暴。

暴风来袭之时,马尔多尼乌斯及其所率军队正好位于岬的北部,而暴风也是从北部刮来,直接吹向岸边。为了逃脱这场逐步逼近的暴风,船只必须马上掉头;但是,这场暴风来势突然又凶猛,船身根本来不及调转。船员试图扬帆撤离的时候,却发现呼啸的狂风把船帆刮走了；而船桨也被可怕的海浪击成碎片。很快马尔多尼乌斯他们就意识到他们逃脱的唯一出路就是不顾一切继续绕过这个海角，那样就能去到背风的那片安全的海域。于是，舰队继续前行，舵手和海员们拼尽全力离开海岸。

但是，他们的所有努力都是徒劳的。无情的暴风将船只一只接一只地吹到礁石之上，瞬间撞个支离破碎；那些可怜的船员试图想要抓紧失事的船只，但是汹涌的海水又将他们甩到那四处翻腾的漩涡之中，那里有怪物在等着吞食他们，仿佛海水本身就是残暴无情的怪物，正用船员这样的猎物喂食自己的孩子。的确是有几个不幸的船员穿过缠绕的海草，爬到了礁石之上，成功地逃离了海浪的魔爪；但是当他们真的爬上去之后，他们发现自己进退两难，上方是悬崖峭壁，下面是咆哮怒吼的巨浪。暂时的逃脱换来的只是延迟了的折磨，最终他们因为精疲力尽、暴雨和寒冷而悲惨地死去。

马尔多尼乌斯再也不想经历一次那样的灾难。尽管阿索斯山岬本身又高又多岩石，但是起码它借由一个海拔很低，且不是很宽的地峡与大陆连接在一起。薛西斯决定在地峡这里开凿一条运河，这样波斯的战舰就能穿过这条狭窄的通道，而不用在暴风雨中穿行外围的那个航道。这条运河不仅可以作为舰队的航道，还有利于整个作战期间薛西斯与波斯各属地之间的交流和沟通。

第四章 进攻希腊的准备工作

那块区域住着很多希腊人,起初波斯人还担心希腊人可能会干涉这项工程建设,但事实上他们对此并不介意。阿索斯岬本身就非常宽阔,大概三十米长,四五米宽,岬上还有数个小镇。薛西斯在这个半岛的狭长地带开凿的运河要能容得下两艘三层桨战船通过。三层桨战船是由三层桨驱动的船只,是当时体积最大的一类船。因为这种船的船桨要求和船只一样宽,因此这就要求运河要足够宽。

于是,工兵们开始规划场地,用桩和线来标示界线,指导工人们开工,挖掘工作正式开始。参与这项挖掘工

三层桨战船是古代海洋文明的一个写照,是腓尼基、波斯和希腊争夺地中海霸权时使用的主要战船,图为罗马帝国时代的一艘三层桨战船

作的工人特别多，按照各自的国别不同，这些工人们分为不同的建筑队组。随着挖掘工作的逐渐进行，沟渠开始变深，工人们在沟渠两旁搭建了梯子，然后在沟渠上方安置了人手；工人们把从沟渠底部挖掘出来的土装到篮子或砂浆桶里，然后由一名工人递给另一名工人，直到送到沟渠上方的工人手里，然后那些人再将土运送到其他地方。

工人们一直想的是垂直挖掘，但是在这条挖掘线路上很多地方的挖掘堤岸出现了垮塌，致使挖掘工作大大受阻。但是分配给腓尼基人的那一段挖掘工作就安然无恙，因为腓尼基人比其他人考虑得更为周到，他们把沟渠顶部的宽度弄成底部宽度的两倍。这样一来，两边的堤岸就形成一个缓坡，从而使得坡度更稳固。最终运河的挖掘工作顺利完成，并引入了水流。

读者们在地图上能看到，在阿索斯山岬北部，也就是马其顿与色雷斯的交界处，斯特里蒙河自北向南流入爱琴海。薛西斯的军队穿过达达尼尔海峡之后必定要经过斯特里蒙河；既然薛西斯已经在地峡处开凿了一条运河来清除舰队行进的障碍，现在他决定接下来要在斯特里蒙河处建一座桥来方便军队前行。

薛西斯国王还命人在行军线路周边各个地方建造粮仓和货舱以备军队不时之需。有一些设在马其顿和色雷

第四章 进攻希腊的准备工作

斯海岸,有一些设在斯特里蒙河的岸边。这些用于供应远征行动的粮食仓库是由运输船从遥远的地方运送过来的,存放好之后由一名看守守护着。就这点而言,似乎不需要运用特别的防护手段来守护粮仓,因为尽管所有这些战前准备工作都是在爱琴海的欧洲沿线也就是希腊疆域内开展的,但是实际上这片区域已经处于波斯的统治之下。希腊的独立属国和城市还在更南侧一点,那里的居民似乎也没有阻扰这些准备工作的意愿。也许是他们并不知晓这些在他们北部边界进行的行动的终极目标和意图何在。

在进行上述战前准备的时候,国王薛西斯还在波斯。而当前线的各项准备都接近尾声的时候,薛西斯决定亲自率军前往萨迪斯。萨迪斯是波斯西部地区最大的城市,且离边境很近。于是薛西斯召集队伍,在各式的游行和典礼之后,毅然向小亚细亚地区进发。他们横穿小亚细亚地区之后,又穿过哈里斯河。哈里斯河曾是波斯帝国的西部边境,而如今这一疆界线已经远远超越了此处。穿过哈里斯河之后,大部队继续朝着佛里吉亚行进。

据说,国王薛西斯与居住在佛里吉亚小镇的一位名叫皮西耶斯贵族之间还有一场浪漫的会面。情况是这样的:哈里斯河向北流入黑海,国王薛西斯穿越哈里斯河之后,继续率军向西行进,几乎横穿了整个佛里吉亚,最终来到了众河流的发源处，这些河流皆是向西流入爱琴海。其中有一条河流非常有名，名为米安德河，就在米安德河的发源处还建有一个小镇，小镇矗立的位置非常精妙，河水恰是从小镇的广场中涌出来的，镇上的人们把涌出的河源用墙体围着，并装饰一番，使得这里像是一个人工建造的喷泉。这个小镇名叫迪纳儿。

当薛西斯率军驻扎到迪纳儿的时候，皮西耶斯非常热情地款待了众将士。因为行军人员非常多，所以皮西耶斯花费巨大。但是皮西耶斯的热情周到还不仅限于此，他还派人给薛西斯进言，说行军途中若是有任何的缺乏，他都非常乐意提供所需物资。

薛西斯非常惊讶这位贵族竟是如此的富有慷慨，不禁询问随从这位贵族是何许人也。随从们回复说皮西耶斯是这个世界上财富仅次于国王的人。他们还说，皮西耶斯不仅富有而且还特别慷慨。他曾送给大流士一世一份礼物，那是用纯金打造的果树和葡萄树。他们还说，他是吕底亚人。

吕底亚位于佛里吉亚西部，这个国家非常富有。流经吕底亚的帕克托勒斯河以其金沙闻名世界。这个国家的国王以及贵族们垄断了河流以及河流流经的山脉的金矿，因此他们变得非常富有。

薛西斯听到随从这般描述皮西耶斯的财富非常吃

第四章 进攻希腊的准备工作

惊。他派人去见皮西耶斯,问及他确切的财富数目是多少。但是这个问题本身就非常不妥,因为在一个专制主义国家如波斯国一样,守护财富的唯一可靠手段就是把财富隐藏起来。若一方政权询问另一方所拥有的财富数目,那这多半是没收查抄另一方财富的前奏。

然而,面对国王的问题,皮西耶斯回复说他会毫不犹豫向国王禀明自己的所有财产数目。他说,他曾仔细计算过自己的财富数目,以便了解自己能在多大程度上帮助薛西斯国王完成他的远征行动。他说他有两千塔兰

图为古波斯的达里克金币,
上面的人物是亚达薛西二世

特银，三百三十万金币。

金币是一种波斯的硬币。即使我们今天知道这种硬币的确切价值，我们也无法准确计算出究竟皮西耶斯到底贡献出了多少财富出来。那些对此非常感兴趣的学者最后得出结论，认为皮西耶斯报给薛西斯的金币和银币的数目总和是三千万美元。

皮西耶斯还说，他可以自由支配他刚才所呈报的那些金银，而这些金银现在都可以为薛西斯的战争行动所用。此外，他还说到，除了金钱之外，他还供养了奴隶和农场。

薛西斯对皮西耶斯的慷慨非常满意，同时也看出皮西耶斯非常支持国王的事业。他说，"自从我出征以来，你是唯一一位款待我的将士，除了热情慷慨，你还许诺让我任意调用你的财富。但是我永远都不会剥夺你的财产。相反，我会从国库再拨给你七千金币，这样你就有完整的四千万了。此外，我还愿意和你交朋友，并尽我的一切力量来帮助你。现在你就好好享受你的富有生活吧！如果你能继续保持这种骨子里的高贵和慷慨，那你将永远的幸福快乐。"

如果我们对于皮西耶斯和薛西斯的描述停在此处的话，那我们会认为他们是多么慷慨高贵的人。然而，当我们仔细审视的时候，我们就会惊讶地发现，有钱有权

第四章　进攻希腊的准备工作

之人以及国王的慷慨和尊贵在很大程度上会转变为自私和伪善。皮西耶斯是有史以来最为残暴的人物之一。生活在他那片土地上的百姓都处于悲惨的苦役之中，皮西耶斯强迫他们不分昼夜地在矿井中做苦役，使他们生活在贫穷凄苦之中，以此来增加自己的财富。人们纷纷跑到他的妻子面前哭诉。他的妻子非常同情这些百姓，但是却无计可施。据说，有一天，为了让他的丈夫明白仅仅拥有金银是多么的无用和愚蠢，也为了让他相信这些财富并不足以弥补人心灵的空虚，她在一个地方盛情招待自己的丈夫，那里有数不清的器皿以及充满其中的金银，唯独没有任何可以吃的东西。那里的任何一样东西都可以算作视觉的盛宴，唯独没有东西可以饱腹。这位尊贵的客人就坐在那堆绝无仅有的财富和华贵中饿着肚子，因为金银都无法充饥饱腹。

前面所述的事情发生后不久，就发生了一件令人瞩目的事件，从这件事就能看出薛西斯对皮西耶斯的所谓的感恩和友谊。皮西耶斯有五个儿子，他们都在薛西斯的军中服役。薛西斯将要带他们兄弟五人离家踏上这漫长而危险的征程，他们的父亲成为家里唯一的男性。在这种情况下，皮西耶斯决定冒险尝试一下之前国王所承诺的话是否真实有效，他请求国王能否只带走他的四个儿子去战场，给他这位父亲身边留一个儿子。

听到皮西耶斯的这番话，薛西斯非常的生气，他说，"你好大的胆子，竟然敢跟本王提出这样的要求。你连同你的一切都是我的奴隶，是奴隶就要毫无怨言地绝对地服从我的命令。你提出这番无礼的请求就该处以极刑。但是，念在你之前的表现不错，我就免了你的极刑。但是我要杀了你最依恋的那个儿子，然后赦免你其他四个儿子。"说完这番话，愤怒的国王命人当着皮西耶斯的面把他设法想留下来的那个儿子杀死，然后让人将尸体分成两半扔掉。一半仍在道路左边，一半仍在道路的右边，然后他的军队就可以"在尸体中前行"。

离开佛吉利亚之后，众将士继续向西行进。正如上文提到的，他们的目的地是萨迪斯，在那里他们将待到来年春天。史学家们记述了沿途吸引薛西斯及其将士的注意力的东西，这些东西标志着这个国家的地理特色，也在一定程度上阐释了当时人们的思想观点和思维方式。

比如说，有一个小镇，它与迪纳儿不同，迪纳儿是位于河流的发源处，但是这个小镇是位于河流消失的地方。这条河流是米安德河的一个分支。就像其他的山涧溪流一样，它从山上流下，然后就在小镇矗立的位置突然流入一条地面的裂隙或峡口消失不见了。然后在下游很远处的地方又冒了出来，接着向下游流去，之后就不

第四章 进攻希腊的准备工作

再有消失不见的情况了,最后流入米安德河。

薛西斯率军来到了佛里吉亚和吕底亚的交接处,在这里道路有个分岔口。一条路通向北方,直抵吕底亚。另一条则向南通到卡里亚。在这条边境线上还矗立着一个纪念碑,这个纪念碑是居鲁士大帝在位时吕底亚的国王克罗伊斯竖起来的,以此来标示吕底亚的东部国界线。波斯人对这个古老的地标都非常的感兴趣,因为这不仅指示着克罗伊斯帝国的东部国界,同时还指示着古代波斯帝国的西部边界。

这些国家生长着一种特别的树,人们称之为梧桐树。薛西斯发现其中有一棵梧桐树特别的高大秀美,非常的喜欢。于是他命人以自己的名字给它命名,并用金链子对它进行了一番修饰,并派了一名守卫守护着这棵树。对树的这般盲目崇拜就是古代君主任性和愚蠢的典型表现,然而他们却经常这样做。

随着队伍的行径,他们来到了其他一些引起他们好奇和惊叹的地方。这里有一块区域,人们能够从谷物中酿造出一种人工蜂蜜,当地居民还能从湖水中晒制咸盐,从矿井中炼制金银。这些东西都极大地引起波斯人的兴趣,引起他们的关注,但是这并没有妨碍或是打扰到他们的行军步伐。军队在预定的时间内安全地到达萨迪斯,在这里薛西斯建立起自己的大本营,然后在那里等待春天的来临。

在此期间,薛西斯派使者前往希腊,试图召唤希腊人向波斯投降。这是当时的一个惯例,每当一国军队准备向一个城镇、古堡或是国家进攻,他们都会这样做。薛西斯的使者渡过爱琴海,然后以薛西斯的名义向希腊当权者提出要求。正如预料的那样,出使无果。使者从希腊回到萨迪斯,没有带回任何投降的条款或条件,仅仅是希腊人对波斯人的赤裸裸的敌意和蔑视。就此,双方再无回旋的余地,都在为即将到来的战争做准备。

第五章

横渡达达尼尔海峡

精彩看点

小亚细亚的冬天——桥梁毁灭——薛西斯愤慨不已——薛西斯惩罚大海——新桥建成——从萨迪斯出发——行军队列的顺序——薛西斯的战车——随军人员——盛大的献祭——战士们的生存条件——艾达山上的风暴——军队检阅——薛西斯不禁哭泣——阿尔塔巴诺斯的回应——薛西斯对于爱奥尼亚人的看法——薛西斯允许阿尔塔巴诺斯回波斯——海战演习——薛西斯的讲话——过桥花费的时间——混乱的场面

第五章 横渡达达尼尔海峡

尽管小亚细亚地区与纽约处于同一纬度，但在那里几乎感受不到冬季的气息。只有山顶才会降雪，平缓的溪流近岸会结冰。当地人无法通过眼前的冬季想象出冰霜落雪的样子，只能通过那些记述北部极寒地区荒诞而夸张的传说略知一二，仅此而已。

然而，冬季来临的时候，这里仍会得到狂风暴雨的短暂光顾。因此薛西斯只好继续等待，等这恶劣的天气过去，再开始进攻希腊。尽管如此，刺骨的北风还是给他的作战计划带来灾难性的影响。当时薛西斯还在萨迪斯，有一天狂风突然摧毁了他命人刚修建好的桥梁。身处大本营的薛西斯听到这个消息非常生气。他既痛心狂风竟然摧毁了好不容易修建的桥梁，又生气建筑师们设计的桥梁如此弱不禁风。于是，他决定要严厉惩罚海浪和建筑工人。他命人用巨大的鞭子鞭笞大海，然后让人把重重的铁链掷到海里，借此表示自己对海水的蔑视以及征服大海的决心。执行这一滑稽命令的士兵边掷边按照薛西斯的命令喊道，"可恶的怪物！你竟敢无故破坏薛西斯国王的计划，这就是主人给你的惩罚。你要知道，即使你不愿意，国王也会跨越这片海。尽管你并非人类，但你太残暴了，海水也冷得刺骨，简直比人还要可恶，所以国王憎恨你蔑视你。"

至于那些修建大桥的工人，由于他们建的大桥没有经受住狂风暴雨的考验，薛西斯便命人砍了他们的头。

国王泄愤之后，又重新召集了一批设计师和工人，要求他们重新建一座桥。现在人们认识到他们的性命和桥的坚固程度息息相关，因此他们丝毫不敢偷工减料，而是想尽一切办法来保障桥梁的稳固性。他们选用最结实的船只，然后对其进行精密的排列，以此来尽可能地抵御海浪的侵袭。每只船都用结实的锚固定在特定的位置，以此来尽可能地抵御它们所要承受的外力。这些船共分为两排，每一排都是从岸的这边一直排列到岸的另一边，每列大概有三百艘船。在每一列船靠近亚洲这侧的海岸都会空出一两艘船的空间来让小船和战舰通过。空出的这段距离并不妨碍桥梁的使用，因为在这个空间上方还有道路可以通行。

这样，用于桥梁基座的船只就得以紧紧地缚在一起，

图为薛西斯命人鞭打海浪,并用铁链锁住海浪的情景,绘者信息不详

然后工人们制作了两条巨长的钢索。钢索的两端分别固定在海峡两岸，中间部分则由排列的船只甲板支撑。为了将钢索的两端固定在岸上，工人们把一块很大的木桩钉入地面，然后把钢索弄成巨大的圆环套到木桩之上。而位于水域中间的钢索则由船只上的帆索固定，这样就可以保障所有的船只间的牢固性。

在这些钢索上面，工人们用树干制成用作桥面的平台，然后用树枝填塞树干间的缝隙，使之平整。接着，工人们还要在这个桥面上铺上厚厚的一层土，这样就形成一个类似于公路的结实稳固的路面。然后，人们在桥的两边高高地竖起密实的栅栏，这样军队行经此处的时候，那些战马和托运物资的牲畜就不会因为看到下方的水面而受惊。

新桥建好，万事俱备的消息传到萨迪斯，薛西斯立即着手安排大军准备出发。但是，就在这时突然发生了一件让薛西斯非常吃惊的事情，那就是空中出现日食现象。古代的人们认为日食是一种非常奇特的超自然的征兆，因此薛西斯迫切地想知道这一突如其来的黑暗到底是何种预兆。于是他命波斯的教士们对此好好斟酌一番，然后将最终的讨论结果告知给他。教士们的意见是太阳是希腊人的守护神，月亮是波斯人的守护神。现在太阳突然收起了光芒，毫无疑问这就预示着在接下来的战争

第五章 横渡达达尼尔海峡

中神将不再庇佑希腊人。薛西斯非常满意这样的回答，于是继续进行战前的准备工作。

从萨迪斯城出发的队伍极其壮观。走在最前面的是长长的运送物资的队伍，队伍里有骡子，骆驼，马以及其他负重的牲畜，这些动物由车夫和负责货物的人员照顾。接下来的是庞大的由多国人员共同组成的作战队伍，尽管他们行军途中并没有那么的整齐划一，但是都有指挥官负责。然后隔了很长一段距离之后，走来的千匹战马，战马的马饰也都特别的华丽。战马的后面跟着一千名持矛士兵。士兵们在行军途中将矛的一端拖在地上，以此来表示对队列后面的国王的尊敬和谦卑。

紧跟在这些队列之后，却又在国王前面的是一些宗教的圣物和神职人员，望向这里时人们都满怀着敬畏和崇敬。走在最前列的是十匹圣马，每匹马的马饰都非常华丽，由马夫牵着。这里的马夫是服侍上帝的神职人员，他们都身着特定的长袍。在这些神职人员后面跟着的是朱庇特的圣车。这辆车非常大，而且做工精美，且车身饰以大量的黄金。这辆车由八匹白马牵引，车辆禁止任何人碰触。马的缰绳绕过战车下方，握在行走在战车后面的御者的手中。薛西斯的战车紧随其后，他的战车也是由精心挑选出来的个头适中的骏马牵引着。战马的御者是一位波斯的贵族，他坐在薛西斯的旁边。

紧跟在国王后面的是作战的主力部队。先是两千人的国王护卫，这些护卫的武器装备非常精良而奢华，无不彰显着他们在军中的地位甚高，以及作为国王贴身侍从责任的重大。其中一千护卫是步兵，另一千是骑兵。在这两千护卫之后，跟随的是一万人的步兵。再之后是一万人的骑兵部队，严格意义上来说，这些才是波斯的作战部队。在骑兵后面大概隔了一段不到四分之一英里的距离，跟着多得数不尽的仆人、随从、雇佣兵以及各种各样的其他随军人员，总之这里聚集的就是一群糊里糊涂混乱无序而又嘈杂不堪的人。

这一庞大的行军队伍到达的第一站是阿拜多斯；因为新的桥梁正好位于亚洲海岸的阿拜多斯和欧洲海岸的塞斯托斯的中间。为了到达阿拜多斯，队伍北行经过密细亚省。在行进过程中，队列的先锋部队一直引领着队伍在内陆行走，目的是为了避开海岸的凹入口以及许多向西入海的河流可能会造成的前进障碍。这样一来，队伍穿过了艾达山的西侧，到达了斯卡曼德洛斯河的岸边，并在这里安营扎寨。现在他们已经处于特洛伊地带。

若干年前，希腊人包围并占领了特洛伊城，他们的英勇无畏受到世人赞誉；因此，每一位英雄人物经由此地的时候都会在此停留，看到这些古战争遗迹，人们不仅可以鼓舞士气，重燃斗志，还能向长眠此处的英雄们

图为特洛伊战争中遭遇浩劫的特洛伊城,普里阿摩斯是特洛伊王国的末代国王,也是此次战争的亲身经历者

致敬。薛西斯也是这样做的。之后的亚历山大大帝也是这般做的。薛西斯的足迹踏过这里的各个地区，他登上国王普里阿摩斯城堡的废墟，走过古战场。最后，当他走过这片土地，他命人在这里举行盛大的献祭仪式，不仅宰杀了一千头公牛为祭，还相应地举办同等规模的祭神仪式，以此来告慰那些死去的魂灵，因为正是他们才得以使这片土地成圣。

在渡河的过程中，前行中的薛西斯也许是非常的激动和兴奋，因为此次远征即将迎来真正的战斗和危险，但是那些追随他的可怜无助的士兵一点都不想渡河开战。这是因为他们的生存现状以及未来的生活前景都极其悲惨。首先，参军并不是他们本人的意愿。在现代，至少就英格兰和美国而言，招募新兵的时候，国家会向招募到的堕落和贫困之人提供赏金，也就是一定数额的现款。尽管这些现款只能让他们享受到短暂而堕落的快感，但这足以诱惑那些人前来参军。这种招募方法起码是自愿性质的，因此不会扰乱那些有家眷、有朋友或有自己追求的人的生活。然而，薛西斯并不是用这种方法招募新兵的。他的那些新兵之前都是奴隶，后来在残酷的征兵政策下他们又无一例外被强制性地带到军营。但是，他们在军营的生活也很悲惨。现如今的征兵要比那时难很多，为了让士兵能更好地在现代战争中发挥作用，

第五章 横渡达达尼尔海峡

部队要花费更多的时间和精力来训练新兵,这就要求部队要精心照顾这些士兵。然而,在薛西斯时代,他们很容易就可以募集到新的士兵,因此部队不愿意花费太多来为军营中的士兵提供健康舒适的生活条件。近身照顾国王的士兵手拿的武器以及马饰都是非常壮观华丽的,但那也只是装饰用的。况且,那也是属于国王的,并不是士兵们的个人物品。就士兵们的个人舒适度而言,无论是食物、御寒衣物还是居住和休息的场所,这些普通士兵的生存条件都极为恶劣。他们对远征毫无兴趣,也不希冀此次出征能够获胜,因为如果他们能够幸免于难,那么未来等待他们的就是之前受人奴役的悲惨处境。况且,他们能活着回去的几率并不大。因为在这样一场大规模的军事行动中,无论入侵成功还是失败,他们这些士兵的牺牲都在所难免。因此,薛西斯所率领的庞大作战队伍其实就是一群不幸的奴隶,在官兵的鞭打驱使下被迫来到这里,满心绝望。

一天晚上,行走在艾达山阴暗崎岖的海峡和隘口中的可怜波斯士兵们遭遇了一场可怕的暴风雨和电闪雷鸣。士兵们由于没有遮风挡雨的工具,随即陷入一片混乱,在惊恐不安中度过了一夜。最终,很多士兵被闪电击中身亡,还有很多士兵因寒冷和无处躲避而身心俱疲;暴风雨过后,当队伍在斯卡曼德洛斯附近的特洛伊平原上驻扎下来时,河流水不足以给士兵以及大量的负重牲畜提供足够的饮用水,以至于数以千计的士兵和牲畜不得不忍受干渴。

这些困难共同削弱了波斯军队的士气。当他们终于到达阿拜多斯地区时,整个军队都处于极度沮丧和绝望的状态。然而,薛西斯完全没有受这种低迷士气的影响,面对萎靡不振的奴隶们,惯于专制、傲慢不逊的他依然能悠然自得地享受短暂的休息。抵达阿拜多斯后,薛西斯开始筹划如何穿过达达尼尔海峡才能凸显波斯军队显赫的实力。

薛西斯要做的第一件事情就是检阅自己的军队。显然,这样做的目的并不是为了满足军事安排中的部队排列的实际需要,而是以此来满足他的骄傲和乐趣。于是,将士们在达达尼尔海峡海岸不远处的高地上立起一张白色大理石的御座,薛西斯坐在那里,喜出望外。他坐在那里,既可以看到陆地上长条队列、骑兵中队、排排帐篷以及集合在一起的负重牲畜,还能看到停泊在海上的船队、小艇和战舰。尽管远处的欧洲海岸看起来很热闹,但他命人在水上建造的道路又长又雄伟,毫不亚于远处的景象。只要他一声令下,他的军队就可以横渡海峡。

但凡心思缜密的人若灵魂深处有所触动的话,往往都会哭泣;欣喜若狂的薛西斯怀着一种无法描状的尊崇

第五章　横渡达达尼尔海峡

和敬意检阅着士兵，顿时被眼前这一幕触动，起初他的脸上是满满的快乐和满足。然而，站在他旁边的叔叔阿尔塔巴诺斯很快就发现薛西斯的眼里噙着泪水。阿尔塔巴诺斯问薛西斯为什么哭了，薛西斯回复说，是想到了眼前这么多士兵百年之后都将不复存在。

此刻，薛西斯所表现出来的仁慈以及之后对百姓的严厉与无情，使历代的史学家对其评论不一。阿尔塔巴诺斯当场回复薛西斯，他认为国王无需为这些人终将逝去而伤感不安，因为他们中的很多人活着的时候生活得很艰辛，很多时候他们宁愿死去也不愿活着。因此，死亡本身在某种程度上来说，已经不再是灾难，而是灾难的解脱和补救措施。

阿尔塔巴诺斯回复薛西斯时，薛西斯正在检阅他的军队。毫无疑问，对于那些命运悲苦的士兵来讲，阿尔塔巴诺斯的理论是相当正确的。

薛西斯承认叔叔的观点是对的，但是，这实在是一个感伤的主题，因此他转移了话题。他问叔叔，远征计划首次提出的时候，他曾在苏萨城提到过自己的忧虑和恐惧，此刻他是否还是感到恐惧和忧虑。阿尔塔巴诺斯回答说，他真诚地希望那个梦境的预言是真的，但是他还是担心此次远征可能产生的后果。他继续说道，"我一直在认真考虑这件事，我认为您此次远征很快就会遇到两大危险。"

薛西斯想知道这两大危险分别是什么。

阿尔塔巴诺斯说道,"这两大危险都源于您所组织的此次军事行动人数过于庞大。首先,您的舰队中有太多的船队、战舰和运输队,但是当您的军队抵达希腊海岸,若遇到暴风雨,那您往哪里安置他们呢。那里没有足够大的港口来停靠这么多艘船。"

薛西斯接着问,"那第二大危险是什么呢?"

"第二大困境就是您没有足够的粮食来供养军中这么一大批士兵。这样一大批将士所需的粮食是不可估量的。您的谷仓和仓库的粮食很快就会用尽,而您的远征途中没有任何一个国家能够为这么多士兵提供充足的粮食,因此我认为您的远征必然会因饥荒而终结。行军途中您遇到的抵御力量越少,您的远征之途就越漫长,形势对您就越不利。我不知道该怎样避免这样的情况发生;为此我一直焦躁不安,无法安睡。"

听到阿尔塔巴诺斯的话,薛西斯回复说,"我承认你的话不无道理;但在建立伟业的过程中我们不能只想到让我们害怕的事物。我宁愿让自己置身在如此的险境之中,也不愿心中有梦而不去实现。况且,考虑最周全最谨慎的忠告并不一定就是最好的。胆小怯懦的人注定一事无成。纵观人类历史,比起那些思虑周全、万事小心,

第五章　横渡达达尼尔海峡

前方若有危险绝不向前一步的人相比，我发现那些有事业心有魄力的人更容易获得成功。如果我的祖先也曾像你一样考量这么周全，那如今的波斯帝国就不会有此番成就。依照先人的行事风格，我相信我也能获得成功。我们会征服欧洲，然后平安地回到波斯。我确定我们不会遇到你所害怕的饥荒以及其他的任何灾难。"

听到薛西斯的这番话，又看到薛西斯的决心很坚定，阿尔塔巴诺斯没有再继续这个话题，但是他斗胆给侄子提了一个建议，这个建议关乎波斯军队征用的爱奥尼亚人。爱奥尼亚人的祖先是希腊人，他们曾穿过爱琴海，分散聚居在小亚细亚西海岸的卡里亚，吕底亚和密细亚。阿尔塔巴诺斯认为征用这些人去攻打他们的同胞风险太大。无论他们最初入伍时有多么忠贞，一旦他们发现自己处于祖先的大地上，听到他们即将攻打的敌人和自己说着同样的语言，那么他们的忠诚就极有可能动摇，甚至背叛波斯。

然而，薛西斯并不认同阿尔塔巴诺斯的观点。他认为征用爱奥尼亚人是非常安全的。爱奥尼亚人忠诚坚贞，在大流士入侵锡西厄期间，大流士曾命希斯提亚埃乌斯率爱奥尼亚人守护他在多瑙河所修建的桥梁。那个时候爱奥尼亚人就向波斯证明了自己是值得信任的。薛西斯又说道，"再说了，他们把产业、妻儿以及所珍视的一切都留在波斯势力范围之内的亚洲,既然人质在我们手中,那他们就不会做出任何对我们不利的事情。"

然后,薛西斯表示,既然阿尔塔巴诺斯对此次远征的结局如此忧虑,他就不再强迫阿尔塔巴诺斯继续随军出征了。阿尔塔巴诺斯还是回苏萨城吧,然后替他统管波斯政权,直至薛西斯返回波斯。

国王和他的叔叔在进行这番对话时,军队检阅的庆典环节之一就是由来自两个不同国家的海军在达达尼尔海峡进行海战演习,目的就是让国王开心。腓尼基队伍在这场演习中获胜。薛西斯对此次演习甚为满意,实际上,他对于推迟行军,举行这场军队检阅的场面都非常满意。

军队检阅结束后,薛西斯很快就让阿尔塔巴诺斯离开了,命他返回苏萨城,掌管波斯的摄政大权。然后,他召集了由宫廷和军队里的贵族组成的议会,向他们宣布过桥的时间已经到来,在他们最终离开亚洲之际他还作了一番告别演说。薛西斯激励他们要坚定地朝着眼前这项伟大的事业迈进,一旦征服了希腊,那么波斯在整个世界范围内都不会有其他对手了。

会议解散之后,全军上下开始准备第二天日出之时过桥。于是,人们纷纷开始进行相应的准备工作。第二天一早,天蒙蒙亮,在等待日出的时候,人们在桥上燃

第五章 横渡达达尼尔海峡

起了各式各样的香料,在桥面上铺满了象征胜利和喜悦的桃金娘的枝干。当太阳即将升起的时候,薛西斯站在

桃金娘是一种生于丘陵坡地的灌木,适合于酸性土壤,其株型紧凑,生长迅速,花期较长,韧性极强,具有很大的观赏和药用价值,图为它的细节展示

一个金色的器皿旁，器皿里盛满了酒。作为一种祭酒的仪式，当第一道曙光从地平线上升起的时候，薛西斯要把酒倒出来。当这一时刻来临的时候，薛西斯把酒倒入了大海，然后将盛酒的瓶子也投入大海。与此同时，他还把一个价值连城用黄金打造的高脚酒杯和一把波斯刀投进了大海。记录这些事件的古代历史学家并不确定这些祭物是用来表示对太阳的崇拜，还是对大海进行的一次平安祭，以此来抚慰之前被惹怒那个可怕的海怪。

有一种情况能表明那些祭物是用来献给太阳的，因为在准备这些祭物的时候，薛西斯曾对着这个发光体祈求，这种祈求貌似是一种呼求或祷告。他呼求太阳关照和保护此次远征，防护波斯军队免受任何灾难，直到波斯军队达成目标，将整个欧洲纳入波斯的统治范围。

然后军队开始正式行进。行进的顺序与之前离开萨迪斯城的顺序一样。最前面的是负重和托运行李的牲畜，紧接着是各族人们组建的大部队，仅这部分人员过桥就花了一整天的时间。薛西斯本人以及队列中的圣物和神职人员是第二天过桥的。第二天，队列最前面的是骑兵中队，马夫的头上都佩戴着花冠；紧随其后的是圣马以及朱庇特的圣车。然后是薛西斯本人，他坐在自己的战车里，锣鼓震天，彩旗飘扬。当薛西斯的战车驶到桥上，停靠在亚洲海岸这侧的舰船开始排成一个雄伟的长形列

第五章 横渡达达尼尔海峡

队,与他们的国王同步穿越海峡驶往欧洲海岸那侧。

接下来的队伍过桥又用了五天多的时间,队伍最后面跟着的是牲畜队和行李队。各执事官员不断催促队伍尽可能快点儿。正如所有人数庞杂的军事行动一样,当队伍终于全部过桥之后,现场异乎寻常的嘈杂和混乱,人们非常恐慌。官员们不断用手中的长鞭鞭打着士兵和牲畜,士兵和牲畜在这种鞭打下苦苦挣扎,迈着艰难的步伐向前挪动。然而,那些倒下的动物、残破的马车以及那些由于刺激和疲劳而精疲力尽即将死去的动物阻断了道路。终于,全部队伍到达了欧洲大陆。尽管如此,对于即将面对的事情,所有人都表现出了前所未有的担

图为薛西斯率领波斯军队横渡达达尼尔海峡时的情景

忧和害怕，他们根本无法想象，鲁莽草率的将领会让他们置身于多么可怕的场景之中。

第六章

多利斯卡斯

精彩看点

海陆两军分头行动——克森尼索——马力查河——多利斯卡斯平原——阿拉伯和埃及的军团——军队总人数——各个国家的队伍——王室的永生侍卫——薛西斯检阅军队——女舰队司令——狄马拉图斯的故事——斯巴达国王阿里斯托——狄马拉图斯描述的斯巴达人——薛西斯惊讶不已——狄马拉图斯感激大流士——狄马拉图斯维护斯巴达人——薛西斯重新启程——斯特里蒙河——人祭——工程师的葬礼——盛宴——狂欢的场景——荒芜人烟的土地

第六章　多利斯卡斯

　　正如前一章记叙的那样，薛西斯率领部队穿过达尼尔海峡，安全抵达欧洲海岸。接下来海上的舰队和路上的部队必须反向分头行进一段时间。若是查看地图的话，读者就会看到军队过桥抵达的地点是小亚细亚的古老小镇阿拜多斯，阿拜多斯其实是处于狭长半岛的中间地带。在希腊语中，这个半岛叫"克森尼索"。也就是说，军队若是想沿着爱琴海的北岸前行，那就必须先向东走15到20英里，这样才能绕过半岛北部和西部环绕而成的海湾。因此，舰队需要沿着海岸直接向西行驶，而部队则需要向东开进，然后他们在爱琴海北部海岸指定了一个集合地，很快他们就能在那里会合。

　　整个部队前进的速度非常缓慢，走得也很辛苦，一直行至半岛的最狭窄区域，然后在海湾的北部转而向西沿着海岸前行。但是，部队的行进路线距离海岸还有一定的距离，这不仅是为了避免陆地附近的海湾低凹地对行军造成影响，也是为了行军途中经过河流时能获得更纯净的淡水。尽管如此，内陆水源还是没能满足行军的需求。行军的将士和牲畜数量太多了，而行军的燥热和疲乏又使得人畜对水的需求极为迫切，以至于他们多次饮干了小河。

军队进入欧洲大陆之后遇到的第一条重要的河流是马力查河。马力查河最终注入爱琴海，在河口不远处有一个巨大的平原，即多里斯卡斯平原，该平原土壤肥沃，人口密集。这里还有一座之前大流士征服这片土地时命人建造的堡垒。这座堡垒的战略位置十分重要，从这里

图为马力查河风景画，绘者信息不详

第六章 多利斯卡斯

可以俯瞰整条马力查河流经的区域。在踏上欧洲这片土地的时候,薛西斯曾检阅了军队,清点了士兵人数,他认为多里斯卡斯平原最为符合要求。他可以在那里建立自己的大本营,而他的军队也可以在那里休整。此前薛西斯已经命令海上舰队停靠在这里。等到部队到达平原的时候,船队已经在远处的海面上了。

接下来,军队暂停前进,开始准备阅兵事宜。首先要确定军队人数,但将士人数太多根本无法计算。于是薛西斯决定先计算这群人的占地面积,然后再确定人数。他们是用下列方式进行计算的:首先,他们先数出一千人,接着让他们到平原的中央围成一个紧凑的环状,再让人在地上绕着人群画一个圈。然后,他们会在这条线上竖起一面大约四英尺高的石墙。石墙两侧皆有出口供士兵出入。石墙建好后,士兵就进入这个围场,就像农夫把谷物倒入木制粮仓直到倒满为止。这个围场所能容纳的士兵数量是一万。这是第一批清点的士兵数目。接着这一批士兵就可以去休息,下一批士兵再进去,就按照这种方法清点,直到最后所有的将士都清点一遍。在清点其他种类的士兵数目之前,步兵进入共计一百七十批次,也就是说,步兵的数量达到一百七十万人。当然,这仅仅是陆上的步兵人数。

这种按照面积计算士兵数目的方法仅仅适用于步

兵——步兵可以全部召集在一起。然而，军中还有一些其他兵种，这些兵种组织本身就比步兵更具系统性，因此只要根据常规的入册登记就可以统计他们的数目。比如，骑兵营有八千人。骑在骆驼上的阿拉伯士兵以及战车上的埃及士兵共计两千人。除了这些陆上作战部队，海上舰队还有五十万人。尽管这些兵种的人数已经非常多了，但在行军途中这个数目仍在不断上涨，因为薛西斯要求他远征途中所经国家和省份的兵力也必须加入。因此，当波斯国王最终进入希腊的心脏地带时，据希腊伟大的的历史学家希罗多德的叙述，这支军队将士的总人数有五百万左右。在现代，即使是十万人，也是一支规模宏大队伍了。实际上，若是在美国独立战争时期，即使是二百五十万人也足以压制极具破坏性的殖民地。下议院的一位演说家说："如果一万人不足以镇压一场叛乱，那么五万人一定可以！"

希罗多德还说，军中除了这五百万人的军事力量之外，还有各种女性、奴隶、厨师、面包师以及随军流动的平民，这些人员的数量很难进行精确的计算。

再说回阅兵吧。军队人数确定之后，接下来的事情就是把这些士兵按照国别编排成若干分队，然后由各国的领袖负责，接受国王的检阅。当时的历史学家全面统计了军队的分队数目，详细记述了各国军队穿戴的盔甲。

第六章 多利斯卡斯

军队中有一部分人来自文明之邦，还有一部分人来自半开化的种族部落，因此，当他们在平原上排列为长形队列时，人们会看到自己的服饰和武器装备与他人各不相同。他们中有些人戴着铜制的头盔，身穿铁片制成的盔甲；有些人则穿着亚麻制成的束腰长袍，或是由兽皮制成的粗制衣物。还有一国的将士头上戴着头盔，但这种头盔带着束发带，形成一种三重冕的冕状头饰。还有一群形似野蛮人的士兵，他们的帽子是用马的头部的皮制成的，马皮还维持着原本的模样，两只耳朵矗立在头顶，鬃毛垂在后侧。这些人手中所持的并非盾牌，而是野鹤的皮，这样他们看起来就像长着触角的怪物，却又竭力装成人的样子，结果只能是半兽半鸟的模样。还有一群士兵，他们是真的长着触角，因为他们头戴的是牛头的皮制成的帽子，牛角还矗立在上面。这些人有的装扮成驯兽，还有的人装扮成野兽，有的士兵穿着狮子皮，有的士兵穿着美洲豹的皮，他们这样做是因为他们觉得自己所穿的衣服所属的动物越是残暴，就表明他们自己的本领越超群。

士兵们所持武器的形状和样子也各不相同。就矛而言，有些矛头是铁质的，有的是石头磨制的，还有一些矛仅仅是把其中一端放入火中烧制成尖状的矛头而已；弓箭的材质和形状也各不相同；此外还有刀剑、匕首、投石器、棍棒、飞镖、标枪以及其他一些当时的人们所能设计出来的各种其他武器。就连现代美国土著居民所使用的武器——套索也在此列。据古代历史学家的描述，套索就是把一段长长的皮鞭缠绕到线圈之上，然后末端是一个绞索，战争中使用绳索的勇猛的武士会将它抛向敌军，套索就会把骑在马上的人和马缠到一起，从而让他们摔倒地上。

将士们穿着的服饰款式和颜色也是千差万别。有的人穿的是手工织品，色彩丰富鲜亮；有的人穿着非常朴

图为一个牧人手拿套索的场景，胡安·曼纽尔·布拉内斯（Juan Manuel Blanes，1830—1901）绘

第六章 多利斯卡斯

素,这些人喜欢穿着简单而又原始的服饰。有的部落的人穿着自以为很漂亮的各色兽皮,实际却非常丑陋。队列中还有一群基本不穿衣服的未开化的人。他们以多节棍棒为武器。尽管不穿衣服,但他们会把裸体的一半涂成白色,另一半涂成明亮的朱红色。

在整个队列当中,处在兵团最前方的那部分人,从他们所站的位置以及他们所持武器的金贵和雅致就能看出,他们是波斯那十万"王室永生侍卫"。他们获得这样的称号是因为这一队列的人数永远是十万整,每当这

图为随薛西斯出征的波斯永生侍卫

个队列中有人倒下，就会另有一个人立即代替他的位置，在某种程度上，人们认为后面这个人的生命是倒下的那个人生命的延续。就像人们幻想英格兰的国王是不老之躯一样，人们把这十万侍卫也视为波斯的永生队列。这些侍卫都是千挑万选出来的，享有很多特权和极高的荣誉。这些侍卫都有坐骑，他们的衣饰和武器都镶有金饰。在行军途中他们还有妻子和家人相伴，他们这些家人所乘的马车跟在兵团的后面。此外，侍卫队列的后方还配有一些骆驼，用来托运这些侍卫的口粮和行李。

当所有陆路兵种都在各自长官的指令中按要求在平原之上集结排列的时候，海上军舰的长官也忙着将舰队集结到岸边，那些舰船呈长条状停泊在距离海岸不远处，船头朝着岸边这侧。这样海岸与船只之间就留出来相应的开阔水域，当舰队接受检阅的时候，薛西斯的驳船就可以从这段水域穿过。

一切准备就绪，薛西斯登上他的战车，战车绕着平原缓缓行进，薛西斯检阅得很专注，他饶有兴趣地观看着这些士兵，心里非常满意。士兵们排列成长长的队伍站立在那里，他们手持各式各样的武器，身穿形形色色的服饰。检阅完陆路兵种，国王又来到海边，登上提前准备好的皇家战舰，坐在甲板的镀金华盖下。然后桨手开始运渡着国王在一列列舰队和陆地之间空出来的海域

第六章 多利斯卡斯

划行。这些船以及船上的士兵都来自许多不同的国家，士兵所持武器以及所穿衣物的款式也是千差万别。陆路的士兵皆是来自地处亚洲心脏位置的各个内陆国家和省份，而这些船舰和水手都是来自黑海、爱琴海以及地中海海域的沿海地区。例如，埃及人提供了二百艘船，腓尼基人提供了三百艘船，塞浦路斯人提供了五十艘船，西里西亚人和爱奥尼亚人各提供了一百艘船，还有其他许多国家和部落也提供了数艘船。

当然，这支庞大的舰队分为各个中队，各个中队都配有母国任命的长官，其中有一条由某国女王亲自负责的舰船，这名女王名叫阿尔泰米西娅，她是卡里亚的女

丈夫死后，阿尔泰米西娅掌管卡里亚的统治权，后又替波斯帝国统治爱奥尼亚地区，图为她的头像

薛西斯大帝

王,卡里亚是小亚细亚西南部一个小的行省,卡里亚的都城是哈利卡纳苏斯。在历史上,人们称阿尔泰米西娅为女王,实际上她应该是一位摄政王,因为她是以她儿子的名义执政——她的儿子只是一个婴孩。在此次远征

哈利卡纳苏斯是卡里亚的都城,图为哈利卡纳苏斯的一处重要建筑,绘者信息不详

第六章 多利斯卡斯

中卡里亚共提供了五艘战船。阿尔泰米西娅不仅富有雄心壮志与男子气概，还非常热衷于冒险，因此她决定亲自参加此次行动。她不仅负责本国的船只，还指挥邻近岛国的船只，因此她所负责的战舰在整个海军战备中占据重要作用。在整个航行过程中，她也证明了自己有能力胜任舰队司令的职责。事实上，她是整个舰队中最出色最能干的指挥官，她不仅能成功调遣和管理自己的舰船，还在舰队长官会议中发挥积极的重要作用。在那里，人们会恭敬地听她的发言，因为她的话语的确很有分量。在萨拉米斯战役中，她发挥了重要作用，这个会在后面的章节中提到。

薛西斯的舰队中共有一千二百艘一等战舰，这就充分说明了阿尔塔巴诺斯的担忧不无道理，暴风雨突然来临的时候这里的确找不到足够大的避风港来让这些船舰停靠。这些舰船若是沿着海岸线一字排开，肯定能排好几公里长。

在宫廷官员和海军指挥官们的陪同下，薛西斯乘着自己的驳船缓缓前行，检阅着各种类型的舰船。看到各国船员衣饰装备都不尽相同，他们既好奇，又欣喜。陪伴在薛西斯身边的官员中有一位名叫狄马拉图斯的希腊人。他是逃到波斯的希腊流亡者，多年前，大流士曾非常友好地待他。之后他就在波斯宫廷任职，一直到薛西斯登上王位并入兵希腊，然后他决定陪同薛西斯一同前往。

狄马拉图斯的经历非常奇特。他曾遭遇政治困境，然后逃离希腊。故事是这样的：

狄马拉图斯的母亲是斯巴达一户达官显贵的大户人家的女儿，但孩童时期她的样貌极为丑陋，特别不招人待见。她的父母居所附近有一座神庙，庙中供奉的是海伦，海伦活着的时候是一位公主，因其美貌而闻名于世。照顾公主的奶妈建议每天带公主去神庙请愿，祈求神明的帮助，可以让公主在海伦的圣殿中变漂亮。公主的母亲虽然同意了这个建议，但仍然嘱咐奶妈在带公主往返神庙的路上不要让任何人看到她女儿的脸庞。于是，奶妈每天都把公主抱在怀里，带公主前往神庙，祈求神明可以垂怜这个不幸的孩子，施与她恩泽，让她变得漂亮。

最终，这些请愿似乎受到神明的垂听。有一天，当奶妈像往常一般祷告完，从神庙出来的时候，一位看上去很神秘的妇人走上前去跟她搭话，问她怀里抱着什么。奶妈回答说她怀里抱着的是一个婴孩。这个妇人想看一眼，但是奶妈不让她看孩子的脸庞，因为主人不允许。然而，这个妇人坚持要看一眼，最后奶妈只能妥协，于是揭开了襁褓。那个妇人轻轻抚摸了一下孩子的面庞，然后说道，现在这个孩子应该是斯巴达最美的人。

海伦是古希腊神话中宙斯与勒达的女儿,因与特洛伊王子帕里斯私奔,引发了著名的特洛伊战争,图为她的画像

她的话应验了。这个小女孩的样子很快就发生了变化，她的面容很快就变得非常秀美，就像她之前的丑陋一样让人不得不惊叹。当她到了一定的年纪，一位名叫阿盖托斯的希腊贵族娶了她为妻，这位贵族还是国王的好朋友。

当时，斯巴达的国王是阿里斯托。阿里斯托共结过两次婚，他的第二任妻子还在世，但他一直没有孩子。他见过阿盖托斯漂亮的妻子之后，就希望取她为妻。此后，他开始筹划这件事情，不停寻觅得到美人的办法。最后，他决定用接下来的这个计划。他建议和阿盖托斯互换礼物，王宫的所有东西都任阿盖托斯挑选，无论选中哪一样他都可以赠与。同样，阿里斯托也可以从阿盖托斯的财产中任意挑选一样自己中意的东西。阿盖托斯没有多加思索就同意了这个提议。因为阿里斯托已经结过婚了，因此阿盖托斯压根就没想到国王中意的竟然是自己的妻子。两人还用誓言明确了双方的义务。阿盖托斯虽然得到了许多名贵的珠宝和服饰，以及一件精致的镀金武器，但却永远失去了自己漂亮的妻子。阿里斯托休了自己的第二任妻子，然后迎娶私下里得到的这位美人，做他的第三任妻子。

七八个月后，狄马拉图斯出生了。那天，阿里斯托正坐在一个公共审判庭里，一位奴隶把这个消息告诉了

第六章 多利斯卡斯

他。阿里斯托听到这个消息非常吃惊，然后大声宣称这个孩子不是自己的。但是，之后他又收回了之前的话，承认狄马拉图斯就是自己的孩子。狄马拉图斯渐渐长大，就在此时，他的父亲驾崩，狄马拉图斯登上王位。但是，有些官员曾经听到狄马拉图斯出生之时他父亲的声明，此刻他们想起了这个声明，然后就把这个消息告诉了其他人；因此当阿里斯托驾崩，狄马拉图斯登上王位，顺位第二继承人不认可狄马拉图斯的继承权，并趁机形成了反对狄马拉图斯的阵营。于是，整个宫廷开始划分为两大阵营，针对继承权的问题进行了漫长的争论。最终，狄马拉图斯这方败下阵来，敌方获胜。狄马拉图斯为了保命不得不选择出逃。他逃到大流士统治区域附近的苏萨城。正是由于他的建议，大流士才同意了薛西斯享有正当的继承权，这一点我们在第一章节结束的时候已经记述过。薛西斯继位之后把他留在了宫廷，并给予了他很多殊勋和荣誉。

　　狄马拉图斯决定陪伴薛西斯一起远征希腊。此刻，看到波斯大力进行各项征服外邦敌国的准备工作，波斯的各级官员都倍感骄傲和自豪。置身于这一场景中，狄马拉图斯看到这一幕也很兴奋，但与此同时又有另一种截然不同的感觉，毕竟这批人数众多破坏力极大的军队即将攻打的是自己的母国。

检阅结束后,薛西斯派人将狄马拉图斯请到城堡。狄马拉图斯到了之后,薛西斯问了他几个问题:

"狄马拉图斯,你是希腊人,所以你应该很了解你的百姓;今天,你也看到波斯的舰队和军队,告诉我你是怎么想的。你觉得希腊人是会选择与我国军队开战呢,还是会毫不抵抗立即投降呢?"

听到这个问题,狄马拉图斯起先非常困惑,似乎不确定到底应该怎样回答这个问题。最后他问国王:"您是想让我大胆地实话实说呢,还是听我恭敬地讲一些您爱听的话呢?"

薛西斯回答说当然是希望他讲实话。他最爱听的就是实话。

于是,狄马拉图斯说道,"既然您想听实话,那我就直言不讳。希腊是贫穷的婴孩,这片土地上的居民已经在困窘的社会中学到了智慧和纪律,现如今他们的决心和勇气是不可战胜的。他们配得上这样的赞美;但我要着重说说我们斯巴达的百姓。您想让他们臣服于波斯,我觉得他们绝对不会接受招降。他们一定会誓死抵抗。他们绝对不会因为军事力量的悬殊而改变决心。只有当斯巴达以外的所有希腊百姓都归顺波斯,而斯巴达连一千名战士都无法召集起来的时候,他们才有可能向波斯屈服。"

第六章 多利斯卡斯

薛西斯听到狄马拉图斯的话非常吃惊，他认为狄马拉图斯说的话并不是真的，于是他回应说，"我想提醒你一下，你能一个人对战十个人吗？你曾是斯巴达的王子，一位王子应该能抵两个普通人；一般的斯巴达人能以一敌十，那你就应该能以一敌二十了。显然这是极其荒谬的。在这种人数悬殊的情况下若还有人去应战，那只能说明那些假装敢于应战或愿意应战的人非常自大。这种一对十或一对二十完全体现不了波斯和斯巴达人数的悬殊。现在即便斯巴达人把所有能召集起来的士兵都集中到一起，我也能派出与斯巴达士兵数量的一千倍的兵力来与之抗衡。"

国王接着说，"此外，双方军队的特点也不尽相同。希腊士兵都是自由民，但我的将士都是奴隶，因此他们绝对听从我的命令，不敢有丝毫的怨言或咕哝。我的士兵们已经完全习惯了听命于他人，他们在常年的鞭打之中惶惶度日，因此即使是面对力量悬殊的敌人，或是身处明显的劣势，他们都会习惯听命投身战场。但是自由人永远做不到这一点。我不相信希腊能募集到和波斯军队人数一样的士兵进行一对一对抗。因此，你刚才所表述的观点没有事实依据。你只是因为无知或是根据一些毫无根据的假设才得出了上面的观点。"

狄马拉图斯回答说，"从一开始我就担心我说的实话会冒犯您。如果不是您要我知无不言,我一定不会对您说出我的真实想法。您千万不要误会,尽管我赞美了斯巴达勇士,但是我并没有因为双方军队力量的悬殊而觉得此次作战不公平。因为一直以来他们都是我最不能原谅最憎恨的敌人,是他们将我无情地赶出了故土。反而是您的父亲接纳我,保护我。您和您的父亲如此支持我,我一定会全力支持波斯的发展壮大。"

"就像您刚才假定的,若非形势所迫,我当然不愿意以一敌二十,或是以一敌十,甚至于一对一对决。尽管在私下决斗中,斯巴达人通常都比对手厉害,但这并不是说一个斯巴达人都能够一下子打败十个或二十个波斯人。但斯巴达人组队起来的话,无论队列的人数有多少,他们的优势就显现出来了。

至于您刚才提到的,他们是自由人,因此在危险来临的时候他们很有可能不愿意到前线作战,但您要知道斯巴达人的自由不是绝对的,就像争斗中的奴隶也有按照自己的意志行事的自由一样,斯巴达人的自由最终还要受到律法的约束和限制。斯巴达的士兵的确可以不受私人奴隶主的鞭打,但他们也有必须遵守的原则和履行的义务。相较于奴隶对于鞭子的惧怕,斯巴达士兵对律法的权威更加敬畏。律法要求他们,无论敌人数量多寡,他们都不能当逃兵。律法还要求他们在战争中要保持军列，严守岗位，要么战，要么死。

　　这才是真正的斯巴达战士。如果您觉得我说的话是无稽之谈，那我以后就保持沉默。只是因为您让我说真话，我才说出自己的真实想法。无论怎样，我都衷心地希望国王您的宏图大志能够实现。"

　　斯巴达的军队力量非常薄弱，实在不值一提，而薛西斯的军队兵丁不计其数，攻无不克。在薛西斯看来，狄马拉图斯担心波斯军队可能遭遇劲敌过于荒唐，所以薛西斯听了这番话甚至都没有生气，只是对狄马拉图斯的胆小笑了笑，就让他下去了。

　　薛西斯派了一支卫戍部队和一位总督守卫多里斯卡斯城堡，然后军队继续沿着爱琴海北部海岸前行。众多随军人员密密麻麻地挤满了道路，他们把一切能吃的东西都用来当作军队口粮或是喂食牲畜，甚至饮干了所有经过的小溪和河流。尽管在行军途中还能不断补充食物和水，但整支军队想要穿过这个国家，所剩的口粮远远不够。于是，薛西斯下令把整个队伍分成三支队伍，一队沿着海岸行进，另一支军队在距离海岸较远的内陆行进，第三支队伍在这个国家的中间穿过。这样波斯军队行军途中所消耗的就是一整片区域的资源。而且，各个分队在行军途中，强制性地将所有能拿得动兵器的人都征入部队。于是，军队所到之处无不露出惨遭践踏的蛮荒贫瘠的景象，哀鸿遍野，民不聊生。整个行军进程称得上是人类有史以来泯灭人权和破坏人类幸福的最大恶行。

一路上，行军队伍因为各种各样的缘由走走停停。有时是因为要举行某些宗教仪式，以此来向天地间的超自然力量赎罪。当他们到达斯特里蒙河的时候，为了让将士们在此顺利过河，薛西斯曾命人在此建造了一座大桥，因此将士们在这里献上了五匹白马为祭。在同一片区域，将士们还在一个名为"九岔路"的地方停了下来。薛西斯认为在这块内陆腹地住有一位波斯的神，因此他决定向这位神献上人祭。献祭的方法就是把献祭的人活埋。于是，在薛西斯的授命下，波斯将士选出了九名男性和九名女性，并将其一一活埋。

行军队伍就这样缓缓前行，最终他们来到了位于阿索斯山地峡处的运河河岸。距离此处最近的小镇是阿坎瑟斯。读者在地图上就能找到这个小镇以及运河的位置。陆路部队到达时，海上的舰队几乎同时也到了。薛西斯视察了这条运河，对运河的构造极其满意。他高度褒扬了主工程师阿塔凯耶斯的工作，并奖赏他至高的荣誉。

然而，不幸的是，陆路士兵和海上舰队到达几天之后，舰队还没来得及渡过运河，工程师阿塔凯耶斯就去世了。国王认为阿塔凯耶斯的离开太遗憾了，因为他原

第六章　多利斯卡斯

本还想着给阿塔凯耶斯更多机会，让他发挥自己的才干。他命人为阿塔凯耶斯准备一场盛大的葬礼，遗体在庄严的仪式中入棺。另外，薛西斯还调用所有的机械力量为阿塔凯耶斯在此处立了一块非常耀眼的墓碑。

在阿坎瑟斯小镇，薛西斯还要求邻国的百姓举办一场盛大的筵席来招待自己的将士，而这场筵席完全将百姓们逼入绝境。这些将士不仅吃光了这片地区的所有粮食，还耗尽了这些百姓们曾经在其他地方劫掠而来的各样财富和资产。在筵席上，普通士兵都是分批坐在空地上吃东西，而薛西斯和宫廷贵族则坐在临时建造的亭子里，亭内摆放着桌子以及各种能够彰显身份的金银器皿。这些百姓数十年如一日地辛勤劳作，此刻为了给这支庞大的军队准备食材以及亭中的金银器皿，他们数年来积攒起来的所有资财在这次筵席中挥霍一空。筵席开始之后，这个国家的百姓都侍候在这群严苛且贪得无厌的客人旁边，直到这些差事让他们都精疲力尽。最终，当筵席结束，薛西斯和他的部下起身离开亭子，这时守候在外的一大群人在混乱中散开，他们推倒亭子，抢走了亭中的金质桌子和银质的盘子，然后离开了他们的营地，身后一片狼藉。

在薛西斯的压榨下，百姓们彻底一无所有，完全无法继续生活。那些不曾在薛西斯的压迫下服役的百姓们纷纷离开家园，企盼在其他地方寻得谋生的手段，因为他们自己的家园已经不存在这种可能了。因此，当薛西斯命令军队渡过运河再次启程的时候，他身后这片土地的百姓已经极其穷困潦倒。

薛西斯继续率领军队向爱琴海西北角的塞尔马港行进，塞尔马港是波斯军队正式进入希腊之前的最后一个驻军点。

希腊的防御准备

精彩看点

希腊人——希腊的两座主要城邦——希腊的国王——斯巴达的两位国王——两位国王的政治体制的起源——双生子——两大阵营形成——斯巴达人的特点——萨巴达和雅典蔑视波斯人——空白的简札——雅典城的恐慌——希腊人求问德尔菲神谕——神谕的回复——雅典舰队——提米斯托克利——联盟的提议——斯巴达和雅典的会议——使臣出使阿戈斯——使臣出使西西里岛——杰隆的要求——使臣前往克基拉——需要解决的问题——塞萨利传递的消息——马其顿国王的建议——希腊军队退守塞莫皮莱——薛西斯巡查塞萨利——迷人的自然景观——薛西斯在奥林匹克狭道的对话

第七章 希腊的防御准备

现在让我们把注意力从薛西斯以及波斯军队的身上移开,关注一下希腊人以及希腊人为了应战所做的各种准备工作。

希腊历史上有两座城邦与薛西斯入侵事件密切相关,这两座城邦分别是雅典和斯巴达。雅典位于伯罗奔尼撒半岛的海岬处;斯巴达位于半岛南部溪谷的中部。这两座城邦的规模虽然不大,但却是这个欣欣向荣实力强劲的小联邦国家的中心和要塞。这两个城邦彼此独立,每个城邦都有各自的政权体系、风俗习惯以及律法,且二者截然不同。

尽管这两个城邦名义上都属于共和体制,但是实际上每个城邦都有自己的行政官,历史上通常称这种行政官为国王。然而,这种国王只是军事首领,而非统治整个城邦的君王。当时的百姓实际上称这种首领为"僭王",

我们现在所用的"暴君"这个词就是从"僭王"这个词演变而来的。但是，因为"僭王"这个词不含有任何其英语派生词所含的辱骂的意味，因此我们现在也不好用后者代替这一称谓。因此，尽管用国王这个词来称呼军事将领并不妥帖，但是当时的历史学家都是这么用的。国王在当时指的是指挥官，酋长，世袭将军，但绝非是严格意义上的国君。我们在下列叙述中也会沿用这样的称谓，称他们为国王。当年逃离斯巴达去到大流士那里寻找庇护的希腊人狄马拉图斯就是一位国王，此刻他正陪着薛西斯在前往希腊的路上。

斯巴达的政权体系中比较特殊的一点是斯巴达历来都有两位国王，两人的关系就像是罗马每年选举产生的两位执政官一样。在一定程度上，这一体制的初衷是想把国家的政权一分为二，从而降低国家政权变为独裁专制的可能。然而，按照古代的传说，这种体制源于以下的奇异事件：

在斯巴达历史早期，这里和其他国家一样只有一位君王或首领。有一次君王驾崩，留下妻子阿耳癸亚以及两位婴孩为继承人。这两个婴孩是双胞胎，且君王驾崩之时这两个婴孩才刚出生不久。当时的宫廷在某种程度上实行世袭制，但也不是完全遵照世袭。当时，国王驾崩后，若非特殊原因，人们就会集聚在一起，共同推选

第七章 希腊的防御准备

先王的长子继承王位。因此，这次国王驾崩之后，人们依例决定由国王的长子继承王位。

然而，在确定这两个婴孩谁是长子的时候，问题出现了。他们仔细比照了这两个婴孩，没人能将这两个婴孩区分开来。他们的母亲也区分不开，说不出哪个是先出生的。其实她这话有点不切实际，她当然能分清自己的孩子，但是她还是不想说出来，因为她想让她的两个孩子都继承王位。

面对这样的困境，斯巴达人派人去求问德尔菲的阿波罗神谕，看看到底该怎么办才好。同往常一样，神谕给出的是一个模棱两可的答案，完全解决不了当前的问题。它指示人们应该让二人都继承王位，只是让长子享

德尔菲是希腊古都，也是阿波罗神庙所在地，图为法国建筑师艾伯特·图内尔（Albert Tournaire）演化出的德尔菲城构造

有最高的荣誉。求问神谕的人把这样的答案带回斯巴达,这个答案不仅解决不了问题,反而进一步增加了问题的难度,除非他们能分辨出来谁是长子,不然他们要怎样将最高的荣誉加到长子身上呢。

在这种尴尬时刻,有人向行政官提议说,也许阿耳癸亚其实知道哪个婴孩是长子,如果观察她的举动,看她是否总是先给其中一个婴儿洗漱和喂食,或是在其他事情上总是优先对待其中一个婴孩,那么通过她这种不易让人察觉的母亲本能或是偏爱也许就能确定谁是长子。于是,人们开始实施这个计划。行政官想方设法在房间里安排了一位仆人,观察王后的一举一动,最终确定了哪个是长子,哪个是次子。从那时起,尽管这两个婴孩都当上了国王,但是人们还是认为是长子的那个国王更具优先权。

后来,这两个婴孩到了可以执掌国家权力的年纪,两人的年纪、优势及长处都相差无几,这时,次子开始有点不服长子。他们每人都有自己的朋友和拥护者,各自形成自己的党派,紧接着这两个党派之间就开始了漫长而激烈的争斗。最终,双方都退让了一步,国家权力一分为二,两位行政长官共同执政的政权体系开始建立。多年以来,两个派别的权力都代代相传,持续多年。当然,两派之间嫉妒和纷争不断,经常会公开发生一些激

第七章 希腊的防御准备

烈的冲突。

斯巴达是一个农业国,百姓世代在伯罗奔尼撒半岛东南部的溪谷耕作,这里的雨水经由厄洛塔斯河及其分支流入大海。他们过着简单朴素的生活,排斥其他社会中的所有附庸风雅和奢华无度,崇尚恬淡寡欲的生活方式。他们也非常崇尚勇气、刚毅、无畏,非常敬重那些面对长时间酷刑一言不发默默忍受的人。他们鄙视财富就如同其他国家会鄙视娇弱和纨绔习气一样。他们的律法抑制商业的发展,以此来避免一部分人变得富有。他们穿着简单暴露,房屋陈设简陋,他们吃的是硬的棕色粗面包,他们的钱币是铁质的。尽管如此,他们依然是

图为年轻的斯巴达男女在一起游戏的情景,他们衣着暴露,生活简朴。埃德加·德加(Edgar Degas,1834—1917)绘

这个世界上最让人闻风丧胆的士兵。

虽然他们的生活方式很简单，但是他们却有着非常骄傲而崇高的精神。在斯巴达，所有的农活以及国家的其他体力劳动都是由这个国家中受压迫的农民完成的，而自由民指的则是专门服役的人，他们与世上的其他贵族一样尽显贵族气质。在现代我们这个金钱至上的社会，人们即使没钱也要装作很有钱，但是斯巴达的百姓却以贫穷为傲。如果他们乐意，他们可以变得非常富有，但是他们鄙视财富。他们蔑视所有高于自我本身的精美服饰和雅致的生活方式。同样，他们还蔑视劳作。尽管他们的衣饰和军服看起来比较粗劣简单，而且作战期间也需要奴隶们的服侍，但是他们却乐在其中。

雅典人则完全不同。雅典的上层阶级是有教养的文雅的知识分子。雅典城更是以其建筑、庙宇、城堡、雕像以及其他各种公共建筑的壮观恢弘而闻名于世，而正是这些使得雅典城此后成为欧洲的文化中心。雅典城人口众多，财力雄厚。它的商业发达，还有一支强大的海上舰队。简言之，斯巴达人对待自己比较苛刻，比较悲观，但是不轻易服输，不修边幅；而雅典人则比较富有、有学识也有教养。这两个民族实力相当，双方常年处于一种无休止的对抗当中。

希腊联邦还有很多其他的国家和城市，但雅典和斯

第七章 希腊的防御准备

巴达是当时最大的城市和国家,而且他们都拒绝向波斯帝国投降。实际上,这两个地方的反抗精神是众所周知的,他们注定会抗击波斯入侵。实际上,当薛西斯派人向希腊各国遣送招降文书的时候,他就不曾向这两个地方派送。因为很多年前大流士入侵希腊,他命人向雅典和斯巴达以及其他所有城邦都发出了招降书,但是这两个国家愤怒地驳斥了他的这一诉求。其实当时有一条不成文的规定,那就是当一个大国将一个小国纳入统治范围的话,小国的政府或君王就会割让一部分领土或水域给大国,以此来象征小国在领土上的归顺,从而在法律上将国家的统治权交由大国。因此,当大流士向希腊联邦派遣使者要求希腊投降的时候,使者们按照惯例要求联邦各国向波斯出让领地和水域的管辖权。正如前文所

雅典卫城是希腊最杰出的古建筑群,宗教性与政治性极强,图为一幅描绘雅典卫城的版画

提到的，雅典人愤怒地驳回了这一要求。而且斯巴达人不满足于简单的拒绝这一要求，他们还抓住了使者们，然后将他们扔到深井之中，当尸体逐渐沉入水中的时候，斯巴达人告诉他们，如果想要斯巴达的领土和水域，那就让波斯的国王亲自来取。

希腊人在收到薛西斯的投降书之前就已经得知了薛西斯的入侵计划。第一个向斯巴达人送消息的人就是狄马拉图斯本人。当时他还在苏萨城，他用下面这种方式向希腊传递了消息。当时人们习惯于用一种钢制的铁笔在光滑的蜡质表层刻些字母。人们会在一个金属板或刻写板上涂一层薄薄的蜡，这样就有了可供刻写的底子，人们用铁笔刻写的字母就可以清晰地呈现出来。狄马拉图斯就是取了两块这样的刻写板，然后将板上的蜡刮掉，然后在木板或金属板的板面上简单刻写了波斯的入侵计划，然后重新在板上途上蜡质层，这样一般人就看不出板上隐藏的文字。然后他将这两块看似空白的刻写板送给了斯巴达的国王列奥尼达斯。传递刻写板的信使也有其他东西做掩护，因为他们还要携带其他的各种物件。信使们在途中接受了波斯守卫的多次检查，但是那些守卫认为那两块空白的刻写板并不紧要，从而使得刻写板安全抵达列奥尼达斯的桌上。

斯巴达国王列奥尼达斯本身是一位有点迟钝和粗暴

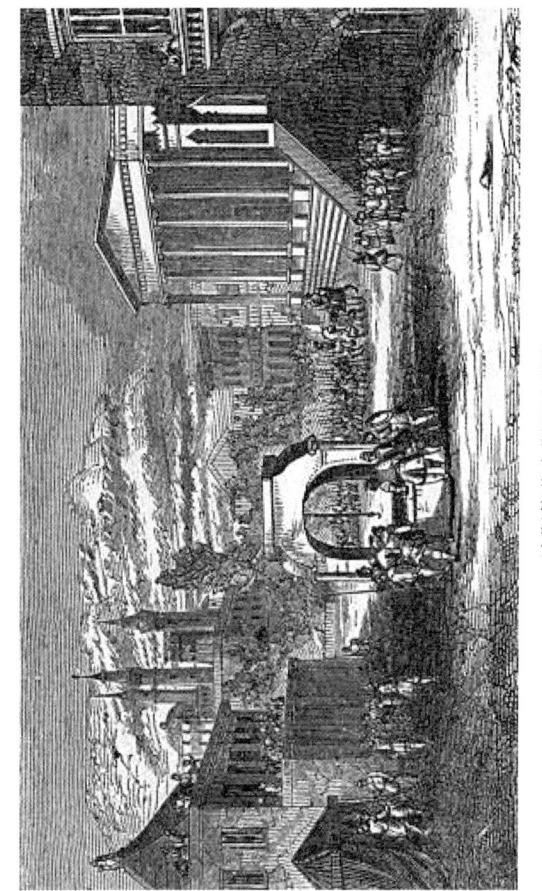

波斯使节在斯巴达遭遇不测,图为当时的情景

的士兵，他自己对于政权之间的计谋还不太适应，对于他人的警醒也不太敏感。因此，当他看到刻写板上面没有明显的信息时，就把它们扔到了一边，既没有过多思索传递空白刻写板的意义，对其可能隐含的深意也不感兴趣。但是，她的妻子歌果王后却对这些空白刻写板很感兴趣。她觉得这件事有些蹊跷，于是想要搞清楚。她非常仔细地检查了这些刻写板，然后小心地刮掉了一点表层的蜡，就看到里面可有字母。王后非常兴奋，她小心地将整个简札的蜡质涂层都刮掉，然后就看到了刻在板上的整条信息，从而得知波斯即将攻打希腊。

当希腊人得知薛西斯在萨迪斯城的时候，他们派出三人伪装成信使，让他们侦察一下驻扎在萨迪斯的波斯军队的情况，并尽可能打探到波斯国王的进攻计划和方案。尽管这三个人费尽心思地乔装打扮了一番，但他们还是被波斯人发现了。波斯人抓获了这些人，并狠狠地折磨了他们，直到他们自己承认是希腊的间谍。波斯官员原本想处死这三人，但是薛西斯听到了这个消息，他下令不准手下将他们处死，相反，他让人带着这三个人在营地走了一遭，让他们仔细看了看整个军营的状况。然后薛西斯将三人遣返，让他们把所见所闻带回希腊。薛西斯认为，如果希腊人知道波斯人的战事准备有多充分的话，他们就能预判自己若是抵抗的话，波斯军队一

第七章 希腊的防御准备

定会将其打败。这样一来,希腊投降的可能性会更大。

雅典城的位置比斯巴达更靠北,如若波斯进军希腊的话,那雅典城必然是波斯攻打的首要城市,因此当雅典城的百姓听闻薛西斯领兵前来攻打希腊,城里的百姓非常的恐慌不安。一部分居民惊恐万分,意欲投降;还有一些人则是非常激愤,一个劲地说要反击抗争。人们提出了成千上万种不同的反击计划,并对这些计划进行了反复的讨论。最终,希腊政府派出使者去求问德尔菲神谕,想知道雅典城的最终命运如何,以及可以的话雅典城该采用何种方法来规避这一危险。使者在德尔菲得到一个可怕的神谕,神谕以一种隐晦而神秘的语言,说雅典这座不幸的城市即将遭遇一场极为可怕的灾难。使者听到这个神谕非常害怕。这时,德尔菲神庙所在地的一个居民建议雅典人再求问一次神谕,这次求问的时候求告者要非常地谦卑,祈求神谕能给他们一些提示,从而告知他们如何规避即将到来的危险,或者至少告诉他们怎样将伤害降到最少。雅典人听了那个人的建议,再一次求告神谕,不久他们再次得到指示,尽管这次的指示还是很含糊神秘,晦涩难懂,但是神明给出的对句隐约暗示了在某种程度上雅典城的安危和萨拉米斯以及某个"木墙"有关。

使者回到雅典,把神谕的启示告诉了众人。但人们依旧很困惑,不知道这个启示到底是什么意思。因为雅典的城堡之前是用栅栏围起来的,因此有些人认为启示中的"木墙"指的就是栅栏,启示的意思就是雅典人必须重建栅栏,然后当波斯人逼近的时候,人们应该退到城堡中进行自保。

其他人则认为"木墙"指的是船只,启示的意思应该是指示人们组织海上舰队去迎击敌人。神谕中还提到萨拉米斯,萨拉米斯是位于雅典城西部不远处的一个小岛。小岛处于雅典和科林斯地峡的中间。那些认为"木墙"指代海上舰队的人猜测神谕中的萨拉米斯指的是发生重大海战的地点。这种观点后来得到人们的支持。

雅典的舰队有大概200艘战舰。这些船只是由一位名叫提米斯托克利的颇有影响力的贵族官员为雅典政府购买和建造的。当时的雅典国库充裕,矿井还属于国有,有人建议雅典政府应该将这些财富分发给个人。提米斯托克利反对这个建议,他强烈要求政府应该用这些钱建造和配备一支舰队。最终国王采纳了他的建议。舰队已经建好,现在是时候让这支舰队发挥功用,迎战和击退波斯军队了,尽管薛西斯的海上力量是这支舰队的十倍之多。

接下来希腊要做的就是尽可能地建立一个希腊联盟,起码是把那些愿意联合的国家联合,这样就可以形

第七章 希腊的防御准备

成抗击入侵者的盟军。通常小一点的国家容易陷入恐慌，它们要么是已经表明要臣服于波斯的统治，要么就是在默默地犹豫，不确定自己是向军事实力雄厚且正在向自己逼近的波斯帝国屈服安全，还是加入雅典人和斯巴达人的军事联盟，进行一番殊死抵抗更安全。此时，雅典人和斯巴达人搁置了自己的矛盾，双方开始举行会议，共同商讨如何建立更大的军事联盟。

正如前一章所描述的，希腊联盟筹建的时候，薛西斯正慢慢地在从萨迪斯城赶往达达尼尔海峡，并从达达尼尔海峡前往多里斯卡斯的途中。

会议上人们决定即刻向希腊联邦各国以及远方的一些周边国家派出使臣，力邀诸国加入希腊的军事联盟。

这些使臣出使的第一个国家是阿哥斯，阿哥斯是伯罗奔尼撒半岛中位于雅典和斯巴达之间的王国或国家都城。斯巴达和阿哥斯为邻国，多年来双方交战不断。最近阿哥斯更是在与斯巴达的战斗中损失了6000名将士。显然，此刻阿哥斯不太可能签署这个友好同盟条约。

当使臣们向阿哥斯人传达了建立军事同盟的消息，阿哥斯人回复说早在他们听说薛西斯远征希腊时，他们就料到届时希腊联邦一定会建立一个军事同盟。然后他们求问了德尔菲神谕，想要知道就建立军事同盟而言，阿哥斯该如何选择才好。但神谕并不赞成他们与希腊结成军事联盟。然而，他们补充道，如果让阿哥斯人指挥伯罗奔尼撒半岛一半的兵力，那么阿哥斯就愿意加入军事联盟，同斯巴达并肩作战，防御外敌入侵。他们声称阿哥斯是优等民族，因此有权统领全军。但如果斯巴达人不同意这一条件的话，他们愿意出让一半的军队，自己手中只留下一半的军队。

斯巴达人回复说他们是不会同意这些条件的。因为斯巴达人是最优等的民族，只有斯巴达人有权掌握全军的兵权；况且，斯巴达历来有两位君王，而阿哥斯只有一位国王，因此阿哥斯的分割兵权的要求就更是难上加难。毕竟，在没有剥夺其中一个国王的统治权之前，他们无法交出一半的军权。

图为阿哥斯古城，温琴佐·科罗内利
（Vincenzo Coronelli，1650—1718）绘

第七章 希腊的防御准备

这样一来,原先计划的军事联盟的计划就全面失败了。阿哥斯的百姓们说他们宁愿向薛西斯的统治屈服,也不愿向斯巴达政权所提出的无理要求和认定自我种族优越的自负妥协。

那些使臣又去了另外一些国家,希望说服他们加入军事同盟。他们去到西西里王国。西西里的国王是杰隆,都城是锡拉库扎。在这里使者们遇到了同在阿哥斯一样

图为西西里国的国王杰隆

的难题。使者们到了锡拉库斯之后对杰隆说，如若波斯征服了希腊，那么波斯的下一个目标就是西西里王国，因此西西里国王和百姓应该趁敌军还未兵临城下就出战迎敌。杰隆承认使者们的分析很到位，然后他补充道，如果让他指挥联军的军队，那么他愿意筹备一支强大的军队，不仅包括路军，还包括海军。但是，雅典的使臣们驳回了杰隆的提议，告诉杰隆他们来到这里是想找的是军队而不是领袖。他们还说到，雅典不仅是希腊最为古老的民族，而且这次面对波斯入侵也是首当其中，因此雅典人才更有资格作这场战争的长官和领袖。

杰隆告诉使臣们，既然他们只是想从西西里获得自己想要的一切，但又不愿意作出任何让步，那么他们还是快点离开他的国家吧，然后回去告诉雅典人他们休想从西西里拿走任何东西。

然后使臣们到了科西拉岛。科西拉岛是亚得里亚海上位于希腊西部海岸的一个大岛，也就是现在的科孚岛。使臣们终于成功说服了这里的人们参加军事联盟。克基拉的百姓们同意了使臣们的建议，然后许诺会立即组织装备和舰队开往爱琴海。他们很快就开始进行了相关的准备工作，貌似非常诚恳地践行着自己的诺言。然而，实际上，一切都是他们装出来的。他们并没有想好到底是拥护希腊的统治还是拥护波斯的统治，因此他们不断

图为科西拉岛

找各种借口推脱不让军队出发，直到最终这支军队已然没有了出发的必要。

其实雅典和斯巴达使臣们最重要的谈判对象是塞萨利。塞萨利是位于希腊北部的一个王国，也是波斯军队绕过爱琴海西北部之后必经的第一站。此外，这个国家的地理位置和地形构造都有一些特殊之处，而这些必然会对即将爆发的战争产生至关重要的影响。

塞萨利是一个很长很大的谷底，四周环山，这里的雨水经由佩纽斯河及其分支排出。佩纽斯河向东流入爱琴海，在奥林匹斯山脉和奥萨山之间形成一条狭长而具有浪漫色彩的山坳通道。古代人们称这条通道为"奥林匹克"，海峡的一部分形成了一个浪漫美丽的峡谷，人称"滕比河谷"。这个通道只有一条路，也是从东部进入塞萨利的唯一通道。

滕比河谷南侧山脉绵延不绝，直逼海岸，没有任何通向东侧的路径。因此，薛西斯进入希腊的路径自然是沿着海岸到达佩纽斯河河口，然后再逆河流而上，穿过滕比河谷进入塞萨利，然后沿着奥萨山和皮利翁山以及海岸其他山脉的西侧朝伯罗奔尼撒半岛西侧进发。如果他真的能顺利通过奥林匹斯海峡和滕比河谷，那他将顺利抵达塞萨利的南部边界。那里有一条从塞萨利通往希腊的通道。最后这个海峡靠近大海，当时的人们称之为

第七章 希腊的防御准备

塞莫皮莱海峡。

在继续向南行进的过程中,薛西斯及其所率领的部队必须穿过塞萨利,但这样的话他们就必须通过两个狭窄而危险的海峡——进入塞萨利的时候需要通过奥林匹斯海峡,而出塞萨利的时候还要经过塞莫皮莱海峡。因此,对于希腊人来说,他们要想好具体在哪个峡道进行防御,抵抗即将到来的波斯军队。

当然,这个问题在很大程度上取决于塞萨利这个国家的战略部署。塞萨利的当权者也清楚自己的处境,因此在战争最早期,也就是在薛西斯还没有穿过达达尼尔海峡的时候,塞萨利还没有等到斯巴达和雅典的使者来到此处,就派遣信使去往雅典协商作战计划。这些信使对雅典人说,塞萨利政府随时都有可能收到薛西斯的招降书,因此塞萨利必须立马决定自己的战略部署;塞萨利人也不想向波斯帝国臣服,但是单独依靠自己的力量又无法抵抗波斯的庞大军队;塞萨利人设想希腊的防御计划可能包含塞萨利,也可能将它排除在外。如果南希腊的防御计划里包括了塞萨利,那么塞萨利人一定会在奥林匹斯海峡,也就是在奥林匹斯山以及奥萨山之间的通道里进行抗击;如果这样的话,现在就必须派出强有力的军队来占领这个海峡。相反,如果南希腊的抵御计划里不包括塞萨利,那么希腊人就不得不在塞莫皮莱海峡进行防御；如果是那样的话，塞萨利有权在收到薛西斯的第一封招降书后就向波斯臣服。

经过一番讨论后，希腊人最终决定将塞萨利纳入自己的保护范围，然后在奥林匹斯海峡抵抗波斯军队。他们立即派出了一支庞大的海上舰队，配备好武器装备后开始启航。彼时，薛西斯正准备穿越达达尼尔海峡。舰队从雅典的港口出发，穿过埃维厄岛和大陆之间的狭窄通道埃夫里普，最后在塞萨利南部的适宜的地点登陆。然后这支部队继续向北行进，一直到达佩纽斯河。然后他们在海峡最窄处驻扎下来，并尽可能地优化了将士们的战略布局，等待敌人的来临。这支军队有十万人。

他们在那里驻扎不久，就有一位来自马其顿国王的信使来到这里。马其顿王国在塞萨利以北。马其顿国王在来信中诚挚地劝说希腊军队去滕比河谷迎敌。他说，薛西斯率领着一支非常庞大的军队浩浩荡荡而来，希腊军队几乎不可能在在滕比河谷这样一个地方击退波斯军队。他还劝说希腊军队最好能退守塞莫皮莱，因为那个海峡更狭窄也更崎岖不平，在那里防御的话会更容易一点。

此外，信使还说薛西斯很有可能不经过滕比河谷而直接进入塞萨利。塞萨利和马其顿王国之间虽然多山，但并非不能通过，而薛西斯很有可能走那条路。因此，

第七章 希腊的防御准备

对希腊军队来说，唯一保险的做法就是退守塞莫皮莱，然后在那里挖掘壕沟。现在时间已经所剩不多了。薛西斯正率军穿过达达尼尔海峡，而希腊联邦各个国家都处于恐慌和激愤之中。

希腊军队决定听从马其顿国王的建议。他们拆除了在奥林匹斯海峡搭建的营地，然后向南撤退，驻扎在塞莫皮莱海峡，等待敌人的来到。而塞萨利的百姓刚一收到薛西斯的招降书就向波斯投降了。

我们在结束上一章叙述的时候，薛西斯正驻扎在塞尔马。此刻，他从营地南部的地平线看过去，看到了奥林匹斯山和奥萨山的山顶。山峰距离薛西斯站立的位置大概只有50英里远。薛西斯向部下询问了前面的那两座山，然后得知佩纽斯河穿过两山之间流入大海，这条海峡就是进入塞萨利的主要入口。薛西斯原先是想率军走马其顿国王之前猜测的那条道路，但现在他很中意眼前的这条海峡。于是，薛西斯命令战舰做好准备，然后他带了几位熟悉路况的向导，在一支舰队的护送下驶入佩纽斯河河口，然后进入河道，逆流而上直到进入海峡。

在海峡的一端，从山脚望去，展现在薛西斯眼前的是一个巨大的山谷，谷地平坦，土壤肥沃，满地都是翠绿色，周围群山环绕，山谷的每一侧都是一处蔚蓝而迷人的风景。在这些迷人的自然风光中，秀美的佩纽斯河及其无数支流和缓地蜿蜒曲折,将谷地四面八方的雨水都汇集起来,然后形成一支深流静水从山涧流出,流过观赏者的脚下。薛西斯询问部下是否还能找到其他通道得以将谷地的流水引入大海。部下回复说没有,因为这个谷底的四周都是群山。

薛西斯说道:"塞萨利人相当聪明,一收到招降书就向我们投降了;如果他们没有投降的话,那我现在就在河谷建一座堤坝,阻断河流,然后把他们的国家变为湖泊,将他们统统淹没。"

第八章

薛西斯进军希腊

精彩看点

波斯军队的行进——舰队的航行——西阿苏斯岛——埃维厄岛——阿提密西安和埃夫里普狭道——阿提卡——萨罗尼克湾——萨拉米斯岛——百姓的激愤——舰队的前行——十支侦察舰队——不标准的献祭仪式——一位具有英雄气概的希腊人——船员逃跑——警报开始扩散——波斯的侦察战舰返回——舰队在一个海湾停泊——暴风雨即将来临——失事船只遭抢掠——著名潜水员斯库里亚斯——希腊舰队的纠纷——雅典人的处境——尤利比亚德担任舰队指挥官——希腊会议上的争论——波斯的防范措施——希腊人决定开战——暴风雨之夜——暴风雨后的平静——埃维厄人的恐惧——希腊军舰撤退——岩石上的铭文——波斯舰队将领至塞莫皮莱狭道

第八章　薛西斯进军希腊

　　塞尔马是波斯军队进入希腊地界前的最后一站，离开塞尔马之后，波斯军队开始行进，与此同时海上舰队也开始启航，彼时正是夏初。军队缓缓前行，虽然途中也遇到了一些困难，但整个行进过程并没有受到太大的耽误。之后，他们穿过马其顿王国进入塞萨利，又穿过塞萨利到达福基斯的北部边境，继而穿越塞莫皮莱海峡。在塞莫皮莱海峡发生的事情我们会在下一章讲述。现在具体看一下舰队的航行情况。

　　为了清楚地了解波斯舰队的航行路线，读者们需要先对舰队经过的海洋以及海岸的地质构造有一个清楚的认识。从希腊的地图上就能看到，波斯的舰队从塞尔马出发之后一直沿着海岸线向东南方向行进，最初行进的大约100英里内海水清澈，毫无阻隔。接着是四座小岛，这四个小岛按一定的角度沿海岸线分布。在这里我们重点要提到的是最里面的那个西阿苏斯小岛。在这些小岛的对面，海岸线绕过多山石的马格尼西亚海角后突然向西延伸，沿着那个方向延伸约30英里后，又开始同先前一样向东南部延伸。长长的埃维厄小岛就位于海岸线的这个弯曲的部位。埃维厄小岛其实是大陆的延伸，只不过它北部和西部的谷地没入了海中，因此才看上去像是与陆地分离开来的。海水流经这块沉没的谷地，从而形成了海峡。古代的人们将北部的那个海峡称为阿提密西安海峡，然后将西部最窄的那处称为尤里普斯海峡。这些小岛以及海岸的风景秀美。在薛西斯所处的时代，这里人口稠密，庙宇林立，城堡密集。

绕过埃维厄岛的最南端继续向西，就来到了一个大的海角处，这里就是阿提卡地区，雅典城就位于这一区域的中部。绕过这个海角继续向西就能看到萨罗尼克湾。萨罗尼克湾位于阿提卡和伯罗奔尼撒半岛中间，在海湾中部是埃伊纳岛，而海湾北部则是萨拉米斯岛。波斯舰队就是从塞尔马出发沿着海岸线来到西阿苏斯岛，然后绕过埃维厄岛的最南端，最终驶到萨罗尼克湾中间的萨拉米斯岛。这一航程大约250英里，在行进过程中，波斯军队遭遇了很多险境，经历了各种各样的突发事件，现在我们就具体了解一下这些事件。

希腊联邦各国都处于一种极其激愤和恐慌的状态。

埃伊纳岛是萨罗克尼群岛中的一个小岛，位于萨罗克尼湾，海上实力较强，曾与雅典抗衡，图为埃伊纳岛的一幅风景画，卡尔·路特曼（Carl Rottmann，1797—1850）绘

强大的波斯军队正缓缓逼近,同样可怕的还有波斯的海上舰队,而波斯海军的力量也不容小觑,他们已经向希腊驶来,随时都有可能发动突然袭击。因此,城里的居民极度不安。老弱病残的人对此无能为力,眼中尽显绝望。城中的人妻、人母、仆人和孩子们非常慌乱和害怕。城中的男人们也很害怕,或是碍于面子所以掩饰着自己的害怕不让人察觉。他们纷纷拿起武器聚在一起,或是来回传递着最新的敌情,或是紧急安置妻儿撤离,不让她们目睹即将爆发的战争的残酷。他们在山上安排了哨兵报告敌情。他们还商定了信号,然后在海岸边的每一个制高点堆放了木堆来做烽火台。与此同时,由于这里即将成为战场,因此从此地通往其他地方的道路上挤满了想要逃跑的人,他们怀着沉重的心情,裹挟着自己最珍视、最想保留下来的东西逃离这里。母亲们背着孩子,男人们守着金银,姐妹们则帮忙照看着生病或虚弱的兄弟,每个人都在咬牙向前,与逃亡路上的艰辛和恐惧斗争到底。

此时,薛西斯正坐在行军队列中间的战车上,一想到所有这些恐慌和苦难将给他带来无尽的荣誉,他就非常欢喜和开心。

薛西斯曾任命自己的兄弟和表兄们担任舰船的将领,在这些将领的指挥下,波斯舰队离开塞尔马,开始

第八章　薛西斯进军希腊

沿着海岸线南下。他们打算先消灭希腊人派出的海上兵力，然后在海岸的某个地方登陆，这样他们就可以与陆路兵力展开通力合作。但船只的行进速度太慢了，这种大规模的舰队很难保持步调一致。因此，舰队的将领们挑出了十艘行动最为便捷的战舰，然后为这十艘船配备了最善战的战士以及最精良的装备，派他们先行一步前去侦察。尽管这些战舰的航行速度很快，但他们仍需谨慎行事。他们尽量避免不必要的危险，但如果在航行途中碰到敌方派出的船只，他们也会尽力将其抓获。此外，他们还要时刻保持警惕，注意观察一切情况，然后把所有重要的消息及时反馈给大部队。

这十支战舰一路驶来并没有观察到任何异常情况，直到他们来到西阿苏斯岛。在这里他们看到了三艘希腊的船只，这些属于希腊的先遣部队，他们一直驻扎在这里侦察波斯军的动向。

希腊战舰一看到波斯战船，立即吊锚逃走了；波斯战舰的将士迅速划起船桨，紧追其后。

波斯战舰很快就追上了第一艘希腊战舰，经过短暂的打斗，波斯将士成功地将其拿下。然后，波斯将士抓获了这艘船上的所有将士和船员。他们从这批人中挑选了一个长相俊美看起来最像是贵族的人，就像是在一个牧群里挑出一头公牛一样，然后在这艘捕获的战舰船头

薛西斯大帝

把这个人当做祭品献给了他们的神。这是一种宗教仪式，目的在于昭示他们的胜利，并使此次胜利成为圣洁之举。

他们还抓获了第二艘船。面对波斯将士显示出来的绝对优势，希腊士兵的所有的抵抗都成为徒劳，他们很快就陷入绝望，最后投降了。然而，有一位希腊士兵似乎并不服气。他就像一只雄师一样奋战到最后，不停地出手愤怒地攻击和捶打包围他的敌人，直到他体无完肤，昏倒在血色的甲板上，奄奄一息。打斗结束的时候，波斯人的敌意减退，转而开始同情他，佩服他的勇气。波斯人聚集在他的周围，为他清洗并包扎伤口，又给他服下了有强心作用的药物，最终救活了他。几天后，当这十艘侦察战舰返回时，他们把这名希腊士兵带了回去，然后把他交给波斯舰队的指挥官，并说这名士兵是一位真英雄，他配得上最的荣誉和赞美，而希腊战舰上的其他人都成为了波斯人的奴隶。

希腊的第三艘先遣战舰也奋力出逃，直到船员弃船而逃。这艘战船一直是向北逃亡，船员在塞萨利海岸登陆逃跑，把船只留给了身后的波斯人。这些逃跑的希腊将士穿过塞萨利进入希腊，将波斯人到来的消息传播到各处。与此同时，波斯人临近的消息也通过岸边西阿苏斯人在岛上高地设立的烽火台得以传播。这样一来，按照之前他们商量好的计划，更南一点的国家也能收到消

第八章　薛西斯进军希腊

息。这个警报也在其他高地不断传播，哨兵们驻守在埃维厄岛的各个高地之上，时刻观察着敌军的出现。

波斯派出的侦察战舰现在带着三艘希腊战舰一起航行，他们发现海面上没有了敌人的踪迹，于是决定带着他们的战利品和侦察到的情报返回。但是，他们当初出发的时候，指挥官曾命令他们要在他们此次航行的最远处竖一块石碑，就像之前的先遣部队做法一样，这样做的目的是留下证据，这样他们回去复命的时候就能证实他们的确走了这么远。其实这批侦察部队出发的时候就已经在一艘战舰上装载了需要竖立的石碑。装载石碑的战舰以及其他两艘辅助的战舰共同发力将石碑从西阿苏斯岛推到海上一个地形开阔多岩石的小岛上。然后，这支侦察舰队返回波斯舰队。这个侦察过程前后共花费十一天。

与此同时，波斯舰队一直在缓慢地沿马格尼西亚海岸线南下。到此为止，整支舰队都很幸运地安全航行着，但是一个巨大的灾难即将降临到他们头上。这是他们遭遇的第一场灾难，但这场灾难足以将整个远征行动摧毁。这个灾难就是一场海上风暴。

夜晚的时候，舰队在岸边一个狭长而稍浅的海湾停泊。这个海湾的一段是一个多礁石的海岬，另一端是一个大的海角，中间是长长的海滩。在寂静无风的夜晚，这里对于舰队来说是一个非常好的庇护和休憩的场所，但这样的一个海湾实在不足以阻挡一场狂风，更别说是大海的浪涌，而通常这些预示着不远处有暴风雨。夜晚当舰队驶入海湾的时候，大海一片平静，天空也非常晴朗。舰队指挥官觉得舰队晚上可以停泊在这里，然后第二天一早再继续航行。

这个海湾本就不够长，而且波斯舰队的船只太多了，船只无法一字排开停靠在岸边，只好分成好几排停靠在海湾内，总共8排。最里面的那排船只离海岸很近；其他船只都和海岸隔了一定距离，每只船都由锚固定在某个位置上。就这样排列着，舰队安全地渡过了一晚。但黎明到来之际，天空中突然出现暴风雨即将来临的迹象。天空开始变得阴沉可怕，一波汹涌的海浪从远处翻滚而来。阵阵强风刮来，风向朝西，仿佛要把所有的船只吹到岸上一样。船员们都非常紧张害怕，船上的指挥官都在想方设法保护船只的安全。有的船只较小，于是有的指挥官命人将船只拖到海滩上，远离海水的冲击。有的指挥官命人加固船的索具，或者是在已有的锚上增加新锚。还有的人把船只的锚拉起来，试着将战舰划到岸上或是远离海岸的地方，希望能找到更好的避风所。每个船员都迫切地想逃离即将到来的危险，整支舰队陷入了混乱和恐慌。

第八章 薛西斯进军希腊

　　与此同时，暴风雨很快来临。波涛汹涌的海浪和强烈的风暴使得船桨根本无法划动，狂风怒吼着穿过船上的绳索和索具。战舰很快就开始漂离之前停泊的地方。有些战舰被风吹到海上，后又被海浪冲击得支离破碎。有的撞击到海湾两端突出部位的岩石上，残破不堪。还有的船只在停泊处沉没了。很多船员掉入水中溺亡。侥幸逃上岸的船员则不断受到这个地方居民的袭击。在这种情况下，为了求得生存的机会，船员们把失事船只的残骸拖到岸边，然后在岸边建成自己的堡垒。他们在这里挖壕沟，然后拿起那些经过海水不断冲刷的船只残骸当作武器，准备以此自救。

　　这场暴风雨持续了三天。除了一些运送物资的船只以及其他的小船，暴风雨共摧毁了300艘战舰。此外还有很多船员掉进海里溺亡。这个地区的居民还抢夺了失事船只上的钱财以及金银器皿等战利品，这些东西在波浪的拍打下不断堆积在岸边。自此，这里的居民开始变得富有了。据说，暴风雨之后，波斯人还派出了舰队里的一位潜水员，这位潜水员帮助波斯找回了大量价值连城的宝物。这位潜水员名叫斯库里亚斯，他因为能在水下待很久而闻名各地。他们说之后发生的一件事情可以证明他的本领，当时他决定舍弃波斯舰队去往希腊舰队。为了实现这个计划，他从波斯的战舰上跳入水中，然后直接游到了希腊舰队那里，潜了10英里远。

三天后，风暴停歇。波斯人修缮了所有可以修缮的船只，将舰队上的物品收集起来，把那些死去的海员的尸体从岸边那粗陋的堡垒上抬下来，然后继续向南驶去。

与此同时，希腊舰队已经在位于埃维厄岛和大陆之间靠近埃维厄岛北部的狭长通道里集合完毕。这是一支同盟国的舰队，由最终同意加入军事联盟的各国舰队组成。就像通常会出现的情况一样，尽管各国组建了联盟或同盟舰队，但各国并没有达成一致意见。雅典人提供的战舰数目最多，因此他们认为雅典人应该担任指挥官；但其他各国考虑到希腊拥有的财富和权力，认为雅典理应比其他国家贡献出更多的海军力量，因此他们非常羡慕和嫉妒雅典人。其他各国人都觉得他们愿意接受斯巴达人的领导，而不愿接受雅典人的领导。如果雅典人当指挥官的话，那他们就解散，然后将各国的舰队开回自己的国家。

尽管雅典人对于这一不公平的宣言很生气，但却不得不做出妥协。雅典人不能立即统领联盟军队，任由舰队分崩离析，因此组建联合舰队的主要目标就是保卫雅典。也许希腊的其他城邦可以向波斯投降然后与之和平共处，但雅典绝不会这么做。对于希腊其他城邦，薛西斯只想将它们纳入自己的统治疆界，但对于雅典，薛西

第八章　薛西斯进军希腊

斯只想复仇。雅典人曾烧毁了波斯的萨迪斯城，因此薛西斯誓死要烧毁雅典，一雪前耻。

显然，集结联盟舰队以及与波斯军队开战主要是为了守卫和保护雅典。于是，雅典人决定放弃他们的指挥权，与此同时暗暗下定决心，战事一结束，他们就会为自己所受到的这种羞辱和伤害报仇。

于是，人们任命一位斯巴达人担任舰队指挥官。他的名字叫做欧利拜德斯。

接下来的事情是这样的，在埃维厄岛北部和大陆之间的海峡中，双方舰队都看到了彼此。15艘波斯战舰毫无顾忌地向西开进数英里，随后直接撞到了希腊舰队上，于是波斯船员全部被抓。这些船员成为战俘，随后被带到希腊。波斯舰队的其他船只进入海峡，在海峡的最东部停泊下来，以他们北部的马格尼西亚海角作掩护。

希腊人看到波斯舰队的强大阵容之后非常吃惊，舰队指挥官的首个建议就是希腊舰队与波斯舰队开战根本毫无意义。然后各国之间召开了一次会议，经过长时间的不安地交涉，他们认为希腊舰队应该向南撤退。随着强大的波斯军队步步逼近，埃维厄岛的居民已然处于极度恐慌和不安的状态中，而此次联盟会议决定抛下岛上的居民撤退，这让岛上的居民格外沮丧。这是想让他们自生自灭啊。

薛西斯大帝

埃维厄政府立即筹集了大量的钱财,然后埃维厄人带着这些钱财来找提米斯托克利,提米斯托克利是雅典最有影响力的领袖之一。埃维厄人将钱交给提米斯托克利,请他想办法劝说舰队指挥官留在这里并向波斯开战。提米斯托克利收下了这笔钱,然后同意了埃维厄人的条件。提米斯托克利把其中一小部分钱给了舰队的指挥官尤利比亚德,其实这一小部分钱的数量也很可观,然后询问他是否能让舰队就停留在目前这个地方。按照相同的方法,他还分了同样数额的钱给了其他几位谨慎挑选

提米斯托克利是古希腊著名的政治家和军事家,为雅典的强大做出了不可磨灭的贡献,图为他的头像

第八章 薛西斯进军希腊

出来的有影响力的人。所有这些事情都是秘密进行的。当然,提米斯托克利把埃维厄政府所给金钱的最大一部分都留给了自己。这笔钱神奇般地改变了海军军官的观点。希腊重新召开了会议,会议撤销了之前的决定,然后决定就在那里与波斯开战。

波斯人一直留意着希腊舰队,生怕希腊舰队撤出埃夫里普海峡,那样他们就极有可能逃走。为了防范这一点,波斯人秘密派出了200艘强劲而快捷的战舰,让他们绕过埃维厄岛后从南部进入埃夫里普海峡,这样波斯就可以切断希腊人在那里的撤退路线。波斯人认为这样一来波斯就包围了希腊舰队,希腊舰队就不可能逃走了。因此,波斯舰队一直将主力舰队停泊在海峡的北部出口处,目的就是在与希腊开战之前,为另一支舰队争取时间绕过埃维厄岛。

波斯人秘密派出了200艘战舰,没成想希腊人竟然得知了波斯人想就此拦截他们撤退的计划。希腊人得知这个计划是因为那个著名的潜水员斯库里亚斯,他从波斯的舰队中逃跑了,然后在水下潜了10英里远,后来到了希腊的舰队中,并把波斯的作战计划告诉了希腊人。

希腊派出了一小支舰队,命其向南行使进入埃夫里普海峡,在那里迎战波斯派出的小分队;与此同时,希腊人决定立即攻打波斯的主力部队。尽管希腊各城邦彼此之间存在各种分歧以及无厘头的嫉妒，尽管联邦舰队的首领们会受到计谋和贿赂的影响，但战争来临的时候，希腊人还是显示出一种大无畏和不屈不挠的精神。而且，希腊舰队在这次战争中防守住目前他们所在的这个位置极其重要。埃夫里普海峡是从海路进入雅典的重要途径，而塞莫皮莱是从陆路进入雅典的重要通道。塞莫皮莱位于阿提密西安海峡的西部，此刻希腊舰队就停泊在阿提密西安海峡不远处。希腊军队已经死死守住了塞莫皮莱，而薛西斯正率领所有兵力南下，企图在这里强行开辟一条通道。波斯舰队在进入阿提密西安海峡后，也在不断试图通过海上的埃夫里普海峡。塞莫皮莱海峡和阿提密西安海峡分别由陆军和水军驻守，由于这两支军队都没有拼尽全力，致使驻地失守，所以他们都将对方视为最卑劣的背叛者和放弃者。

于是，某天清晨，希腊人开始向波斯人开战。波斯人看到希腊人向埃夫里普海峡驶来非常吃惊，因为波斯人认为希腊人的这种做法是非常不明智的。然而，在黑夜来临之前，波斯人开始不再觉得敌人不明智了。希腊舰队直接放肆地冲撞到波斯舰队中间，很快就被波斯舰队团团围住。接着，希腊舰队的船只开始围成一个圈，他们把船头朝外，船尾朝内，然后用这种方式同波斯舰队厮杀了一整天。夜间，一场暴风雨突然袭来，准确的

第八章 薛西斯进军希腊

说应该是接连不断的雷阵雨伴随着阵阵狂风，暴风雨太过猛烈以至于双方都自愿撤离战场。波斯舰队回到埃夫里普海峡东侧面朝西停泊，而希腊舰队则回到西侧，面向塞莫皮莱。双方都忙着修缮失事船只，照顾伤患，并调整船只方向尽可能减少暴风雨对船只的破坏。这是可怕的一夜。尤其对波斯舰队而言，他们感到尤为惧怕。在风力的作用下，波浪朝着大海深处涌动，与此同时，涌动的海水还裹挟着失事船只上的物品、船只的残骸以及波斯舰队中间海域那些在海水浸泡下变得肿胀而恐怖的死尸。这些东西都漂浮在海面上，船桨经历了磕磕碰碰已经完全划不动。在这个可怕的夜晚，波斯舰队上的所有船员都感到惊慌害怕。怒吼的狂风、不间断的雷鸣、船只之间的碰撞以及海水拍打海岸的声音都让这些波斯将士特别紧张。夜色的黑暗与神秘进一步加剧了人们的恐惧，每当闪电划过天空，突然的亮光总能瞬间照亮整个海面，映照出一副恐怖的景象。军舰长官下达命令的高喊声，伤员因为痛苦而翻滚的呻吟声，巡夜人和哨兵想要避免冲撞的辩论声，所有这些声音与呼啸的风声和咆哮的大海声交杂在一起，营造出一种难以名状的恐怖和混乱的场景。

在这片海域之外，这场暴风的风力更大。暴风直接吹散了之前薛西斯派往埃维厄岛的舰队船只，并将它们全部摧毁。

实际上,这场暴风雨只不过是夏季傍晚时常见的雷阵雨。对于住在这个岛上的百姓而言,这种暴风雨没那么可怕,它们只是在傍晚的时候来临,从而去除晚上的闷热,早晨的时候就会离去。因此,当早上来临的时候,太阳升了起来,照耀在经过了一战的希腊人和波斯人身上。空中无风,天空晴朗,大海还像往常一样湛蓝清澈。在战斗中牺牲的将士遗体以及船只的残骸已经漂到远处。双方人员的勇气或者说是凶猛都回来了,于是双方的战斗开始继续。这次的战斗双方都有输有赢,战斗又持续了两天才结束。

在波斯舰队和希腊舰队作战期间,埃维厄岛上的百姓极其害怕。他们站在高地上观察双方的交战情况,不确定究竟哪一方会胜利。但他们害怕,万一希腊舰队输的话,那么波斯舰队的所有兵力都会登上埃维厄岛,然后将这个岛洗劫一空。他们很快就预测埃维厄岛可能面临的最坏的状况。为了以防万一,他们开始把所有他们能够搬动的货物以及牲口移到小岛的南部,然后随时准备逃往陆地。希腊舰队的指挥官意识到希腊舰队最终可能需要被迫撤退,于是劝告埃维厄岛上的居民应该把牲口宰杀了,在平地上架起篝火,然后把那肉烤熟吃掉。他们还建议说,反正这些牲口无法运过海峡,与其让他

第八章 薛西斯进军希腊

们落在波斯人的手中,不如将其宰杀了让将士们吃掉。此外,他们还说到,若是埃维厄的百姓听了他的建议这样做的话,那么舰队指挥官尤利比亚德一定会尽全力把这里的百姓和他们那些贵重的物品都运到阿提卡。

在这场残暴的入侵中,数千个安居乐业的幸福家庭变得支离破碎!

与此同时,希腊舰队的顽强抵抗激怒了波斯舰队。战斗的第四天,波斯舰队正准备采取一些更强有力的举措,突然看到海峡下游有一艘小船正朝舰队划来。船上是一位波斯人,他来告诉波斯人希腊人已经撤走了。他说,希腊舰队已经向南开走了,他们已经放弃了这片海域。起初,波斯人并不相信这个消息。他们觉得这肯定是希腊人在设埋伏或耍花招。于是,他们小心翼翼慢慢地沿着海峡向西划去。当他们航行到一半的时候,他们在一个叫做希斯提阿伊亚的地方停了下来。这个地方的海岸峭壁上有一块巨石,巨石上刻着对爱奥尼亚人说的话——那些不听阿尔塔巴诺斯的建议,跟随薛西斯来到这里的盟国援军,请不要伤害自己的同胞,历史会铭记这一切的。岩石上的铭文又大又显眼,以至于舰队从这里经过的时候,船上所有的爱奥尼亚船员都能看到。

波斯舰队在希斯提阿伊亚停下来,舰队指挥官有点儿不确定接下来该怎么办。但他们很快就不愁了,因为薛西斯派出了一个信使,这个信使乘着一艘战舰从塞莫皮莱海峡驶来。信使给波斯舰队带来一个消息,那就是薛西斯已经到了塞莫皮莱海峡,并且在那里展开了一场大战,波斯军队打败了希腊军队,占领了塞莫皮莱海峡。如果可以的话,舰队的任何一位长官都可以前来观看战场。这个消息和邀请使得全舰队上下异常兴奋和激动,每个人都显现出浓厚的兴趣。舰队中的所有轮船和小船都停泊在指定位置,准备载着这些长官去参观战场。当这些长官到达塞莫皮莱海峡的时候,他们发现这个消息是真的。薛西斯已经占领了这个通道,希腊舰队也已经撤走了。

第 九 章

塞莫皮莱之战

精彩看点

塞莫皮莱狭道——古代的堑壕——塞莫皮莱的视野——联盟军——斯巴达人利奥尼达斯——对于守卫塞莫皮莱狭道的不同意见——斯巴达人的骄傲——斯巴达人为迎战装扮自己——薛西斯的前进——波斯的骑兵——骑兵汇报勘察的结果——薛西斯与狄马拉图斯的谈话——薛西斯在狭道内驻扎——薛西斯派兵进入狭道——波斯先遣部队战败——王室永生侍卫领命出战——王室永生侍卫被击退——厄菲阿尔特叛变——福基斯人撤退——波斯人包围希腊人——利奥尼达斯的决心——薛西斯发起攻击——利奥尼达斯之死——薛西斯查看战场——薛西斯派人去请狄马拉图斯——他与狄马拉图斯的对话——海军将领的反对意见——薛西斯的决定

第九章　塞莫皮莱之战

　　塞莫皮莱海峡并不是位于山间的一道深谷，而是位于山脉和大海之间的一条狭长的通道。狭道的向山一侧峭壁嶙峋，十分险峻，几乎无人可以攀越；而向海一侧则是一片礁石；这条狭窄的通道沿着海边绵延数英里，其中狭道的出入口最为狭窄，而中间部位则相对宽敞。这个地方因其岩石能涌出温泉水而得名，曾有人经常来这里沐浴。

　　在薛西斯继位之前，这条狭道的战略位置就极为重要，因为它处于希腊两个城邦的交界处，而这两个城邦常年交战不断。其中一个城邦是塞萨利，还有一个城邦是位于塞萨利南部的福基斯。因为这两个国家的国界线多是巍峨的山脉，军队无法穿越，因此他们只能穿过山脉与大海间的这个狭道才能进犯彼此。

　　很久以前，为了防范塞萨利人的进攻，福基斯人曾

薛西斯大帝

在狭道的向海一侧构筑起一面高墙，并修建了一道道坚固的闸门。为了进一步增加对方强势通过狭道的阻力，福基斯人将高墙下凿出一个缺口，然后把温泉水引入狭道，这样一来，狭道的路面变得湿滑泥泞。现如今，高墙已经坍塌，但狭道上还是一片泥泞。这个地方变得荒无人烟，到处都长满了各种不知名的植被。狭道向海一侧的视野变得更为宽阔，人们站在这里能够看到远处的埃维厄岛，而狭道的向山一侧还是神秘而无法攀越的山脉，山上森林覆盖，郁郁葱葱，隐现着若干神秘而无人探寻过的深谷。相对于沿着海岸线蜿蜒的狭道，向山一侧显现出一种非凡而阴郁的威严。

从塞萨利撤军后，希腊军队退守塞莫皮莱狭道，并在那里驻扎下来。希腊军队大概有300到400人。这些人都是来自希腊罗奔尼撒半岛内外各个不同的城邦，基本上每个城邦或国家都派出了100人左右的队伍。每支军队都有自己的长官，此外还有一位负责整支军队的将军。这位将军就是斯巴达人利奥尼达斯（Leonidas）。他率领着300斯巴达勇士加入联盟军，这些人都是他从斯巴达军队中一个一个选出来的可靠之人。

塞莫皮莱狭道与科林斯地峡有一定的距离，而地处科林斯地峡的国家可以在地峡处进行防御，把一部分人部署在地峡外，一部分人部署在地峡内。各国分别往塞

图为利奥尼达斯和300名斯巴达勇士据守塞莫皮莱,雅克·路易·大卫(Jacques-Louis David,1748—1825)绘

莫皮莱狭道派出了100人左右的兵力，这并不是他们全部的兵力，只是紧急情况下各国可以立即调派；这些国家还在想方设法募集军队，只要召集到人配备好武器，就会安排这些人加入联盟军。然后，薛西斯及其所率领部队的行进速度要比希腊人预想的更快。很快，最新消息传来，波斯军队一两百万的兵力现在已经兵临城下，而率军驻守在塞莫皮莱的利奥尼达斯手中只有三四千的兵力。

那些来自伯罗奔尼撒半岛的士兵都主张放弃塞莫皮莱狭道，退守科林斯地峡。他们始终认为，科林斯地峡的作战地点更为牢固也更有利；当波斯军队到达科林斯地峡的时候，他们的援军也到了；而现在他们手中的兵力太少了，实在不足以抵抗波斯的百万大军。然而，那些并非来自伯罗奔尼撒半岛的将士强烈反对这一建议，他们认为如果弃守塞莫皮莱狭道退至柯林斯地峡，那么他们就完全受敌军的摆布。经过一番争论和商议之后，盟军将领决定留在塞莫皮莱狭道。于是，联盟军队谨慎而有序地找好自己的伏击地点，尽可能地用壕沟把自己隐蔽起来，然后等待敌军的来临。利奥尼达斯率领着他的三百斯巴达将士埋伏在隘口处，这样就可以率先发动袭击。除了一队士兵之外，其他人分别守卫在狭道沿线各个地方。这队士兵来自福基斯，福基斯是离战场最近

第九章 塞莫皮莱之战

的一个城邦，它派出的士兵比其他任何一个城邦的士兵都要多。其中，驻守在山脉斜坡上的这支军队共一千人，而下面的狭道上还有两三千名士兵。

我们在前面已经提到过斯巴达人的严苛和野蛮，但人们丝毫不会想到斯巴达人表现自负的方式。如果说斯巴达人在哪一方面虚荣的话，那肯定是他们的头发。他们的头发会留得非常长。实际上，在斯巴达，头发的长度是区分奴隶和自由民的重要标志。正如前文中提到的，所有的农民和技工都属于奴隶，他们构成普通大众；而斯巴达的自由民，他们做事比较严苛，生活方式简单平实，但人们一定不能忘记，尽管他们在生活上朴素贫穷，但在精神上却极其骄傲和高贵。这些自由民组建了军事贵族，而军事贵族中的成员比任何人都要傲慢。

斯巴达将士完全凌驾于任何劳工的表现之上。由于他们崇尚老虎般的野蛮凶残，因此他们的品味也就比较偏向野性的美。每当上战场的时候，他们都格外注重自己的容貌。对他们而言，战场就是他们展示的舞台，在这个舞台上，他们不仅能展现他们的力量、坚毅和勇气的特质，还能展现出他们简单原始的个人妆饰，而这将和他们简单朴素的服饰相呼应。他们也特别欣赏这种简单原始的风格。因此，在狭道咽喉处建立好自己的据点之后，他们纷纷开始装扮自己，迎接即将到来的战争。

与此同时，波斯部队正往这边行进。尽管薛西斯认为希腊的兵力尚且威胁不到自己，但他仍然猜想着希腊军队很有可能在这个狭道发起攻击。于是，当波斯军队靠近狭道的时候，薛西斯便派出一名骑兵去侦察路况。那名骑兵进入狭道没走多远就看到了敌人。他躲在一块高地上查看情况，随时准备掉头全速返回，生怕被敌人抓住。斯巴达勇士在骑兵刚站到那里的时候就发现了他，但他们从这个人的样貌判断他是个无关紧要的人，于是他们继续整理自己的仪表。这名骑兵仔细观察了一番，然后发现狭道沿途有壕沟，而斯巴达人驻守在狭道前方。遗憾的是，那名骑兵并没有发现狭道后方还有军队。这些斯巴达人有的在进行竞技运动和体育锻炼；有的正忙着整理他们的服饰，他们的服饰尽管样式简单朴素，却也光彩亮丽，缀满鲜红；还有的在梳理、修饰和盘卷他们的头发。在外人眼里，他们看上去就像在准备表演一场娱乐节目。

　　但实际上，这些人是在为赴死作准备。他们深知，每个人都将以最恐怖和最残忍的方式死去。他们现在的装饰显然是为了给这样的结局做准备。

　　骑兵仔细观察了狭道的情况，然后不慌不忙地回到军队，向薛西斯报告了这一情况。薛西斯听了这个骑兵的描述后非常吃惊。他派人去请狄马拉图斯，也就是那

第九章 塞莫皮莱之战

位斯巴达避难者。犹记得,波斯军队在多里斯卡斯平原进行军事大阅兵的时候,狄马拉图斯和薛西斯曾经进行过一次漫长的谈话。当狄马拉图斯到了之后,薛西斯把骑兵的话转述给狄马拉图斯听。薛西斯问道,"斯巴达人现在就驻扎在狭道里面,但是他们看上去就像是出去参加宴会一样喜乐。这是什么意思呢?我认为你现在应该承认了,他们并不会阻挠我们。"

狄马拉图斯摇了摇头说,"国王您不了解希腊人,恐怕我把了解的情况跟您汇报了之后您会不开心。在我看来,您的信使所汇报的情况表明他看到的的确是斯巴达人,而他们正在为殊死决战作准备。这种操练竞技技能、梳理修饰仪表的士兵正是希腊士兵中最让人害怕的。如果您的军队能战胜他们,那您就没有什么好怕的了。"

薛西斯认为狄马拉图斯简直是一派胡言。他深信狭道中的这支部队只是某个小分队,不可能阻挡得了波斯军队。如果他们知道波斯军队来了,他们一定会退出狭道,为波斯军队让路。因此,他率领部队进入狭道口,然后在那里驻扎下来,等了好几天,等着希腊军队给他们让路。希腊将士一直安静地待在他们的位置上,完全没有注意到他们的仇敌已经向他们靠近,也没有意识到危险的存在。

最终,薛西斯认为行动的时间已到。因此,在等待的第五天早晨,他召集了一支人数足够多的先遣部队,命令他们进入狭道,活捉那些希腊士兵,然后带回来见他。薛西斯派出去的这支部队是米底人组成的,这是整支军队中最厉害的部队。除了前面提到过的"永生的王室侍卫"之外,米底人比任何人的地位都高。薛西斯认为米底人执行这项命令应该毫不费力。

于是,先遣部队进入狭道。几个时辰之后,一位精疲力尽气喘吁吁的信使飞奔回来,请求支援。于是,支援部队出发了。傍晚时分,参战的幸存者回来了,每个人都精疲力尽,虚脱得几近昏厥。经过这么长时间的战斗,他们还是失败了。他们带回来一些遍体鳞伤、鲜血淋淋的同伴。其他人都战死沙场了。

面对如此不堪的战果,薛西斯瞠目结舌,气急败坏。他觉得不能再浪费时间了。于是他命令那些永生侍卫于第二天早晨随他出战,他站在队列的最前方,朝着希腊军队的战壕开进。然后他要求部下在高地上给他放一把椅子或是一张宝座,他要坐在上面观战。与此同时,希腊军队也已经在驻地严阵以待,等待敌军来临。靠近战场的地上躺满了在前日作战中死去的波斯士兵的尸体,有些完全暴露在人们的视野中,特别恐怖;有的则遭到踩踏和碾压,一半已经埋入了泥土。

王室永生侍卫发动进攻,却没能改变战况。在这条

第九章 塞莫皮莱之战

狭窄的通道里，波斯庞大的军事人员并没有任何的优势。希腊各国士兵分别驻守在狭道沿线各个地方，波斯军队多次发起攻势，但希腊军队就像是一堵坚不可摧的城墙一样，每次都能击退波斯军队。实际上，希腊士兵所持的矛要比波斯士兵的矛长，且希腊士兵的体格也更加强壮有力，作战技能更高。因此，随着时间的流逝，人们可以看到，在狭道发生的这场激战中，波斯士兵节节败退，而希腊军队的队列依旧完整。有时希腊军队会后退到某处，但很快又会非常淡定有序的冲回来；或者当波斯士兵不断追击以为自己即将胜利的时候，希腊军队会突然掉头，因为他们发现追逐的狂热会使得波斯军队陷入混乱。这时这些希腊士兵就如同先前一样沉着厉害，

图为手持标枪和长矛的希腊步兵

薛西斯大帝

然后反过来追击,加倍地屠杀波斯人。在这期间,薛西斯一直在其他官员的陪同下在高地上观战,观战期间他一直处于一种激动和气愤的状态。还有三次他直接从椅子上跳了起来,发出恼火和生气的怒吼。

然而,一切都是徒劳。当夜晚来临的时候,这些侍卫不得不被迫撤退,而希腊人依旧驻守在战壕。

双方僵持不下,对峙了一两天。有一天早上,一个希腊人突然出现在薛西斯的帐篷前,要求面见国王。他说他有非常重要的事情告诉国王。国王让人把他带了进去。这个希腊人说他叫厄菲阿尔特,他是来告诉国王,山上有一个隐蔽在荒野的峡谷,沿着那条峡谷有一个非常隐蔽的小道,他可以为波斯军队引路,沿着那条小道可以到达山口那些小山的山顶,而那里比希腊军队的战壕还要低。厄菲阿尔特说,一旦到了那里,波斯军队就能轻而易举地下到希腊军队更靠下的狭道里,这样波斯军队就能将希腊军队围住,并将其封锁在波斯军队的包围圈里,那样的话打败希腊军就很容易了。这条小道比较隐蔽,几乎没什么人知道。但他知道,只要国王能给他一笔赏赐,那他愿意为波斯军队带路。

听到这个消息,国王既惊喜又兴奋。他立即采纳了厄菲阿尔特的建议,然后在那天晚上组织了一批队伍向那条小路进发。

第九章 塞莫皮莱之战

在塞莫皮莱北部有一条小河,河流从山上的峡谷顺流而下,最终流入大海。这里就是厄菲阿尔特所指的那条小道的起点,然后顺着峡谷中这条河流的河床向南走,穿过一连串荒芜人烟的深谷,来到山口更下方一点的山脉的斜坡上,在那里波斯部队就很容易下到地下的狭道上。那里就是战争初期那一千名福基斯士兵负责驻扎和守卫的地方。当然,他们守卫在那里并不是为了击退从身后来袭的敌人,因为他们压根不知道身后这条道路的存在。他们仅仅是为了俯瞰下方狭道的战况,即使狭道的士兵战败了或战死了,那他们也可以阻挠波斯人穿过狭道。

于是,波斯的一支小分队趁着夜色开始艰难地向着那条陡峭险峻的小路出发,穿过那些在白天都让人害怕的石块、裂隙和悬崖峭壁,而这一切在夜间也就变得更为可怕了。在第二天清晨来临的时候,他们终于来到了山脉斜坡上方的山谷和峡谷地带,那里就临近福基斯人驻扎的地方。波斯士兵在行进的时候一直用周边生长的参差不齐的小树丛和灌木丛作掩护,但清晨时分,周遭寂静无声,因此当波斯人出现在幽谷中时,福基斯的士兵们听到了他们踩踏树叶的声音。福基斯士兵很快就发出了警报,这使得双方士兵都很惊讶。波斯人没想到在这里能碰到敌人,而希腊人一直以为自己的上方是荒芜人迹不可攀越的区域。

　　双方进行了一阵短暂的冲突，然后福基斯人就被迫离开了他们的驻地。他们退守到山脉上方，然后向南逃离。波斯人决定不去追逐福基斯人，而是向着狭道继续前进，然后占据了山脉斜坡低处的一个地点，在那里他们能俯瞰到下方狭道；他们在那里停下来，等待薛西斯的命令。

　　这时，狭道里的希腊军立刻认识到，他们已经完全处于敌军的包围之中。的确，他们现在还能撤退，因为波斯的那支小分队还没有冲下来截断他们的退路；但如果他们继续待在这里的话，那么在接下来的几个时辰之内，他们就会被包围；到那时，即使他们能够抵抗一段时间，面对双面夹击和物资运输通道中断的处境，最终也只能活活饿死。于是，他们召开紧急会议决定到底该怎么办。

　　至于这次紧急会议上到底发生了什么事情，至今仍存在疑问。按照大部分的说法，利奥尼达斯建议除了他以及他所率领的三百斯巴达勇士，其他所有城邦的军队都应该撤离。他说，"在这种情况下，你们有权按照自己的律法来衡量，确定一下你们的最佳选择是从驻守的地方撤离还是留下来坚守阵地。但就我们而言，我们不用考虑。无论我们守卫哪片土地，我们会一直坚守下去，

第九章 塞莫皮莱之战

直到死亡。我们受命从斯巴达到这里守卫塞莫皮莱狭道。我们没有接到任何撤退的指令。因此，我们必须守卫在这里。如果波斯军队一定要穿过狭道，那就从我们的尸首上踏过去吧。你们有权撤退。而坚守这里是我们的职责所在。所以，我们肯定会留下来。"

尽管利奥尼达斯这样牺牲三百勇士的行为看起来非常的荒谬和愚蠢，毕竟反击成功的概率微乎其微，但就他解散其他城邦的希腊军来看，利奥尼达斯身上还是有着一种高尚豁达。他自己决定留下来守卫领地，体现出一种大无畏的决心和精神，这一点将永远值得人们赞扬。此后，二十个世纪过去了，在全世界范围内，人们逐步认识到利奥尼达斯所坚持的那份荣誉其实是一种无可辩驳的极端行为。尽管人们在理论上并不认可利奥尼达斯在当时的情况下所做出的选择，但人们依然对他称赞有加，钦佩如故。

在遣散希腊军队的时候，利奥尼达斯将底比斯人的队伍留了下来，因为他怀疑底比斯人企图向敌人叛变。不知道利奥尼达斯是否意识到将底比斯人留下来几乎等同于给他们判了死刑，有意要用这种方法来惩罚他们的背叛；还是说他仅仅是想让他们继续守卫这里，履行他们的职责，从而确保他们的忠诚不丧失。总之，利奥尼达斯让他们留了下来，然后把盟军的其他军队都遣散了。

那些遣散的队伍退守到了下方的空旷地带，狭道中只有斯巴达人和底比斯人驻守。据说，还有一些其他国家的军队也不愿意让斯巴达人独自应对危险，所以留了下来和他们一起应对。底比斯人则是非常不情愿地留了下来。

第二天，薛西斯准备发起最后攻势。凌晨时分，他当着全军将士的面举行了隆重的宗教仪式；然后他像往常一样淡定地用完早膳，就开始等待天亮下达进攻的号令。很快，波斯军队就发现利奥尼达斯及其所率领的军队不在之前的战壕里，而是位置靠前了很多——他们前行到了狭道中更为宽阔的一个地方。薛西斯仿佛已经预见到了他们的悲惨结局终将不可避免，所以上前应战。接着，在这里爆发了一场极为惨烈的战斗。战斗初，人们放眼望去只能看到双方互相厮杀的场面，直到最后利奥尼达斯倒下。这时交战双方关注的焦点不再是双方之间相互厌恶与愤恨的最终绝杀，而是争相抢夺利奥尼达斯的尸首。本来波斯士兵已经抓住了利奥尼达斯的尸体，但希腊军队四次从波斯军队中将其抢走；最终希腊军队带着利奥尼达斯的尸首撤退到战壕后方的一块小高地上，那里的山口更宽敞些。在那里，仅剩的几位勇士聚集在一起。就在那时，之前厄菲阿尔特带领的那支波斯军队出现在他们下方。那时的斯巴达人经过之前的抗争已经精疲力尽，他们的伤口还在不停地流血；他们的弓

第九章 塞莫皮莱之战

箭和长矛都已化为碎片；他们的长官以及几乎所有的同伴都已经死去。然而，这些人还是表现得非常凶猛，如猛虎般的凶残，一直坚持着抗争到最后一刻。当他们的其他武器都已经破损之后，他们开始用牙齿和指甲代替。最终，他们被波斯人打倒在地，头被摁到土里，即使在这种情况下，他们的绝望中还透露出不服气，以至于疯狂地挣扎。

这次战斗结束后，人类历史上有很多关于这场战事的传说，传言那支斯巴达队伍中有一两个逃兵。据说，队列中有两位斯巴达士兵留在了山口附近的小镇里，因为他们的眼睛感染了严重的炎症。其中一位听到斯巴达士兵都将留在狭道，自愿加入队列，选择与同伴一起共命运。据说他要求他的仆人带他去往狭道，但是把他带去那里之后非常害怕，然后就自己逃跑了。那位生病的战士留在了狭道里，与其他人一起战斗。另一位病患幸免于难，但是当他回到斯巴达之后，他的同胞认为他没有和同伴共命运，而是卑劣地抛弃了他们，这在斯巴达人看来是永远都无法去除的耻辱。

还有一个故事讲述的是另一个人，他去塞萨利执行任务，直到战争结束才回到斯巴达。还有一个故事说的是有两个人被派到斯巴达，当他们回来的时候听说战事即将开始，因此其中一个人匆忙回到狭道，然后与同伴死在了一起。另一个人则回来得很晚，得以幸免。这些传说是真是假现在已经无法确定，但毫无疑问的是，这样的特例只是少数，整整三百勇士都在战争中阵亡了。

然而，战争刚一开始，底比斯人就全部投降了。

战后薛西斯亲自查看了战场。狭道上躺满了数千具尸体，而几乎所有的士兵都是波斯人。希腊人修建的壕沟已经坍塌，里面的缺口处堆满了尸首。温泉水也顺着缺口流入狭道，使得狭道内的沼泽地变为深深的泥潭，泥潭中满是残缺不全的肢体和损坏了的武器。最后，薛西斯来到利奥尼达斯的尸首旁，当手下的人告诉他这就是敌军将领的尸首，他满意而兴奋地高度地颂赞了他，然后命人将他的头颅砍下来，将这具无首的尸体钉到十字架上。

接着，薛西斯命人挖掘一个巨洞，然后下令留一千具战死的波斯士兵的尸体在狭道，将其他所有尸体都掩埋到洞里。这样做是为了隐瞒波斯军队在这场战役中所付出的惨痛代价。为了使战场看起来更逼真，洞挖掘好后，他还让人在洞口洒满落叶。这样一来，人们发现不了这个洞，也就不知道真正的战况究竟如何。一切都处理妥当后，他派人送信给波斯舰队，邀请舰队的官员前来查看这片战场，这一点在上一章提到过。

上一章也描述了波斯舰队的军事行动，几乎与此同

第九章 塞莫皮莱之战

时,附近的波斯陆军就在这里吹响了此次战役的号角。塞莫皮莱狭道位于海岸边,正好和位于埃维厄岛北部的港湾相对,而就是在那个港湾里爆发了那次海战。也就是说,当薛西斯正拼尽全力想要穿过这个狭道的时候,他的海上舰队也在附近相反的方向进行类似的抗争,而双方相距不过二十到三十英里。

塞莫皮莱战役结束后,薛西斯派人去请狄马拉图斯,然后询问他除了已故的利奥尼达斯和他率领的三百勇士,希腊还有多少这样的战士。狄马拉图斯回复说无法准确答出希腊战士的确切数目,但仅仅斯巴达就有八千战士。接着,薛西斯又问,波斯应该怎样征服这个国家。薛西斯和狄马拉图斯谈话的时候,波斯的贵族和各级官员都在场,其中就有波斯舰队的海军将领。前一章已经提到,他也同其他各级海军长官一同到塞莫皮莱查看了战场。

狄马拉图斯表示,国王直接进军希腊会比较困难,因为希腊在那个海峡的兵力非常强大,不易征服。但他又补充道,在斯巴达领地对面离海岸不远处有一个叫塞西拉的小岛。狄马拉图斯认为国王应该很容易攻下那个小岛,一旦波斯人占领了那个小岛,那个小岛就可以成为日后波斯吞并希腊领土的战略基地,因为波斯的兵力随时都可以派兵前往陆地。因此,他建议国王应该派出得力干将，率领三百艘船立即前去攻占那个小岛。

然而，波斯的海军将领强烈反对这个建议。他当然会反对，因为派遣三百艘船占领小岛会极大地削弱他掌握的兵权。他告诉国王，如果那样做的话，那剩下的海军力量微乎其微，完全不足以抵挡敌人的进攻，因为上一次的暴风雨已经让他们损失了四百艘船。他认为最可行的办法是海上舰队和陆上兵力一同行进，两支兵力合作一同完成这项任务。此外，他还建议国王要警惕狄马拉图斯的建议。他是一位希腊人，因此海军将领认为狄马拉图斯的目标是背叛和破坏此次远征计划。

听完这两人的不同意见，国王最终决定听从海军将领的建议。他说，"我会采纳你的建议，但我不想再听到任何关于怀疑和攻击狄马拉图斯的话，因为我相信他是一位真正值得信任的朋友。"说完这些，薛西斯解散了会议。

第十章

焚毁雅典城

精彩看点

希腊舰队退至萨拉米斯岛——塞萨利人——他们对福基斯人的仇恨——塞萨利人战败——福基斯人的诡计——幽灵似的士兵——塞萨利的骑兵队伍——给骑兵设置的陷阱——滔天暴行——德尔斐圣城——帕纳塞斯山——卡斯塔利亚泉——神灵感应——德尔菲人的恐慌——神谕的回应——波斯分队的挫败——圣灵武士——雅典人惊慌失措——雅典领袖建议百姓逃跑——一些雅典百姓留在城内——雅典卫城的位置——密涅瓦女神雕像——薛西斯到达雅典——雅典城的焚毁——薛西斯得意洋洋

第十章 焚毁雅典城

波斯舰队的海上指挥官查看了塞莫皮莱狭道的战场,听了参与这场战役的人讲述了他们与防守在狭道的卫戍部队之间的可怕作战经历,然后他们回到船上,准备继续向南航行追击希腊舰队。希腊舰队去了萨拉米斯岛。在预期的时间内,波斯舰队追上了希腊舰队,然后双方之间爆发了一场大海战,也就是历史上著名的"萨拉米斯战役"。萨拉米斯海战是古代最著名的海上战争之一。下一章节会详细叙述这一战役的内容。在此之前,我们先来关注一下波斯军队在陆地上的军事行动。

现在,塞莫皮莱狭道处于薛西斯的掌控之下。这样一来,薛西斯完全可以率领波斯军队畅通无阻地到达伯罗奔尼撒半岛北部的任何区域。当然,在进入伯罗奔尼撒半岛之前,薛西斯还必须经过科林斯地峡,而在那里极有可能会有一些集中防御力量在等待他的到来。但实际上，科林斯地峡北部并没有可供希腊舰队防御的地方。这个国家四面八方都很畅通，也就是说，波斯军队可以沿着河流沿岸，穿过各个山谷和峡谷，从而找到很多方法通过地峡。波斯军队需要做的就是找到向导，然后前行就好。

塞萨利人已经准备好给波斯人作向导。在塞莫皮莱战役之前，塞萨利人就已经臣服于薛西斯，因此塞萨利人自认为是波斯人的同盟。此外，他们尤其想给波斯军队带路，是因为他们痛恨地峡南部那个国家的人，而波斯人穿过地峡之后第一个毁灭的就是那个国家。这个国家就是福基斯。正如前文中叙述的那样，福基斯和塞萨利之间是绵延的山脉，两国之间唯一的通道就是塞莫皮莱狭道；在波斯入侵之前的很多年间，两国之间不断穿过这条狭道侵犯彼此。塞萨利人已经归降薛西斯，而福基斯人则决定抗击薛西斯，支持希腊人民的斗争事业。事实上，人们认为福基斯人之所以主张参战在一定程度上是受到塞萨利向波斯投降的影响，因为无论如何他们都不想和自己的世敌并肩作战。

塞萨利人对福基斯人的敌意同样难以缓和。在塞萨利人上一次对福基斯人发动的入侵中，福基斯人使用了一些诡计，最终致使塞萨利人战败，这让塞萨利人气急败坏。福基斯人成功地耍了两次花招，每次花招都与众

第十章　焚毁雅典城

不同。

第一个诡计是这样的。福基斯国中有很多塞萨利人，且塞萨利人的兵力非常多，以至于福基斯人无法将他们驱逐出去。在这种情况下，有一天，一队600人的福基斯士兵用粉笔将自己的脸、胳膊、手、衣服和所有的武器都涂成白色。夜晚十分，万籁俱寂，月光如水，这支队伍开始朝着敌军的营帐发起攻击。看到这些似人非鬼的士兵，塞萨利的哨兵们惊恐万分，纷纷逃跑，塞萨利的士兵也从睡梦中惊醒，惊恐地尖叫起来，四处逃散，整个塞萨利军队混乱不堪。夜晚袭击通常最恐怖，因为无论受到攻击的一方多么强大，一旦在黑暗中遇袭就会陷入混乱，这样一来攻击者就不太容易区分敌友，因此在喧嚣和昏暗中防御就很危险，一不留神就会错杀彼此。但在这次袭击中，福基斯人专门设计出奇怪的装扮，从而避免了误杀的风险。福基斯人知道，只要那个人没有自己这么白，那他一定是塞萨利人。这样一来，塞萨利人就变得异常狼狈，四下逃散。

福基斯人使用的第二种计谋与第一种不同，这个计谋针对的是塞萨利的骑兵队伍。塞萨利的骑兵闻名世界，国土中部辽阔的平原地带为培养和训练骑兵提供了最佳场地，平原周边环绕的山脉还有植被丰富的坡地和山谷都是牧养战马的天然草场。因此这个民族的骑兵实力非常强大。每当希腊的其他城邦和国家为了进行内部防御而开展军事行动的时候,那些国家的君王以及征服者们总想借用一下塞萨利的骑兵,否则总感觉他们的军队是不完整的。

塞萨利的骑兵曾入侵福基斯,福基斯人认识到他们无法在公开的战争中打败塞萨利的骑兵,因此他们就用下面这样方式设计了一个陷阱。他们在地上挖掘了一条长长的战壕,在战壕里放满篮筐或桶,又在战壕表层撒上一层薄薄的土,然后把地面收拾平整,撒上一层落叶,掩盖挖掘过的痕迹。设计好陷阱后,他们在战斗中故意步步后退,引诱塞萨利人到那里。最终,那些塞萨利人掉入了陷阱中。那些用篮筐填充的沟壕只能勉强支撑福基斯步兵的重量,但承受不了骑在马上的塞萨利人的重量。因此,战马纷纷跌倒,塞萨利的骑兵在突如其来的灾难面前乱作一团。就在这时,福基斯人卷土重来压在他们上面,不费吹灰之力就制服了塞萨利人的骑兵。

这些事情让塞萨利人恼怒不已。他们迫切地想要复仇,因此他们早就准备好给薛西斯的军队带路,好让波斯队伍将福基斯拿下。

于是,随着波斯军队的逼近,周边所有的国家都得到了消息,城中的居民异常恐慌,到处都弥漫着难以名状的痛楚和悲凉。波斯军队来到刻菲索斯山谷,山谷中

第十章 焚毁雅典城

有一条美丽的小河流过这片宜人富饶的地方，这个地方城市林立，村庄众多，人口密集。这支庞大的入侵队伍犹如一阵龙卷风从这片宁静祥和、物产富饶的土地横扫而过，所经之处万物尽毁。他们掠夺了城镇中所有能搬走的东西，至于那些搬不走的，则一一损毁。波斯军队在这个山谷中焚毁了总共十二座城市，对当地百姓的处理手段更是极其残暴。他们抓走了一部分人，强迫这些人跟在队列的后面做奴隶。剩余的人要么被他们杀死，要么在他们的酷刑下生不如死。更有甚者，许多妇孺也难逃那些波斯士兵的蹂躏。

前往雅典的途中，薛西斯的队伍在经过福基斯时所做的最有名的一件事就是攻打德尔菲城。德尔菲是一座圣城，是阿波罗神谕所在的地方。这个地方在帕纳塞斯山和卡斯塔利亚泉附近，这两个地方在整个希腊神话中都非常有名。

帕纳塞斯山是一小段山脉的名称，而不是一座山峰的名称，尽管这段山脉最高峰也叫帕纳塞斯山。按照现如今的测算标准，这座峰大概是 8000 英尺高，峰顶几乎全年被冰雪覆盖。在没有冰雪覆盖的时候，这就是一座光秃秃的石山，在没有阳光照射的地方以及向阳处生长着一些苔藓和高山植被。现在游客们若站在帕纳塞斯山的顶部向下看整个希腊的话，那感觉就像是在看一幅

薛西斯大帝

希腊地图,科林斯湾是山脚下的一座银湖,塞萨利平原则向北部不断延伸扩展,而远处天蓝色的奥林匹斯山、皮立翁山以及奥萨山的山峰也引入眼帘。

实际上,帕纳塞斯山有两座顶峰,顶峰之间形成深谷,深谷从山顶开始不断向下延伸,从而形成一座美丽的河谷。河谷周边生长着一排排树木,河谷边的斜坡上开满了鲜花。在这条河谷中还有一处幽谷,幽谷中有一个喷泉,泉水源源不断从岩石间流出,流到月桂树丛里,泉水形成一条小溪。这条小溪的溪水从石缝中流出后,蜿蜒曲折地流过长满苔藓的长长的溪岸,变为一条安静

帕纳塞斯山是希腊神话中艺术女神们居住的地方,图为帕纳塞斯山全貌,爱德华·多德维尔(Edward Dodwell,1767—1832)绘

第十章 焚毁雅典城

的小溪，溪水缓缓地流过一个富饶而地形起伏的国家，最后流入大海。这个喷泉就是著名的卡斯塔利亚泉。古代的希腊传奇故事中提到这里是阿波罗和缪斯女神最爱的圣地和居所，因此，这里的泉水亦成为理想的神灵感应的符号和象征。

德尔菲城就坐落在帕纳塞斯山脉低处的斜坡上，但那里还是比周边国家的海拔更高。这座小城整体上属于圆形露天竞技场，就像立在山边的一只兔子一样，它的四周都是陡峭的悬崖峭壁，因此这个地方非常难以进入，再加上这里防守的兵力，人们一度认为这个地方是无法在军事上进行攻破的。除了这些天然的地形防御，据说这里还受到阿波罗神的庇佑。

古时的德尔菲举世闻名，不仅因为这里是神谕所，还因为这里有气势恢宏的建筑结构，不计其数的艺术作品以及长时间以来积累的奇珍异宝。那些来此地求问神示的权贵以及君王要么带来丰厚的礼品，要么他们会想方设法斥巨资做各样的服事工作。有的人修建庙宇，有的人建造门廊或石柱廊。有的人用装饰品修饰城里的街道；有的人立起雕像；还有的人捐赠了许多的金银器皿，直到最后德尔菲城的财富以及华丽在整个世界上都是首屈一指的。所有国家的人都想要来到这里，有的人来见识这里的风采，有的人则是来请求神谕，以期帮助他们

薛西斯大帝

规避眼前的困境和危险。

薛西斯继位时,作为神灵感应之地的德尔菲城已经享受了数百年盛名。据说,这座小城是这样发展起来的。有一天,一些在山上牧养畜群的牧人看到在一些石块缝隙处,很多羊出现了一种无法描状的怪异。于是他们走上前去查看,这时他们发现石缝里吹过一阵神秘的风,每个闻到的人都非常愉悦。在那个年代,人们总是把那些奇特的事物和超自然的神联系在一起。很快这一发现就传遍各地,人们认为那阵让人和动物愉悦的风是神灵

德尔菲是所有古希腊城邦的圣地,是阿波罗神庙的所在地,图为献祭队伍来到德尔菲的情景,克劳德·洛兰(Claude Lorrain,1600—1682)绘

第十章 焚毁雅典城

感应的效果。因此,人们在那里建了一座神庙,并为神庙安排了牧师和女祭司。接着,一座新城在这周围拔地而起,随着时间的推移,这里变成世界上最著名的神谕所;这里长年集聚的财富主要是供奉给神的礼物和祭品,因此人们认为这里的物品是受神庇佑的。的确,这座城的防御一部分来源于德尔菲城本身让人无法接近;而且长时间以来人们为了保障小城的安全不断加固防御工事;但是还有一大部分原因是源自人们内心的那种情感,人们认为任何冒犯神灵的行为都将受到亵渎罪的惩罚。正如古代历史学家所描述的那样,波斯军在此处被击退的方式就很神奇。现在,我们就给读者讲述一下古代史学家们记载的这个故事。

波斯的主力军继续向南行进直奔雅典,那里是薛西斯一直以来最想攻打的城市。然而,一支庞大的队伍离开了主力部队向西朝着德尔菲行进。他们想要抢掠德尔菲神庙和德尔菲城,然后把抢来的财宝献给国王。德尔菲人听到这个消息非常惊惶,他们求问神谕如何处置这些神圣的宝藏。他们说自己无力对抗这样的军队,所以求问神是否应该把宝藏埋到地下还是转移到远处的安全地带。

神谕回应德尔菲人说,他们无需担心神庙里的宝藏,神自会保护好属于自己的东西。他们要做的就是要保护好他们自己以及他们的妻儿。

听到这样的回应，德尔菲人就不再考虑神庙和圣地的宝藏了，于是纷纷把家人和自己的财物转移到南部的安全地带。只有军队以及一小部分居民还留在城里。

当波斯军队靠近神庙的时候，神庙内出现了一种奇观，似乎在警告这些亵渎神明的波斯军队，要他们远离此地。神庙内似乎出现了一套兵器，毫无疑问这套兵器非常昂贵，兵器上镶嵌着许多金子和宝石，也许这是某个希腊城邦或国家的国王献上的礼物，这套兵器原本悬挂在庙宇的圣殿里面。在波斯军队靠近德尔菲城的那天，那套兵器从圣殿里面移到了圣殿的前面。最先看到这套兵器的牧师惊慌失措。他立即把这个消息告诉给城里的士兵和留下来的百姓，士兵和百姓们情不自禁地振奋起来，勇气倍增。

神的介入最终没有让人们失望——就在波斯军队的士兵来到德尔菲神庙所在的山脚下时，天空突然爆发出一道惊雷，一道闪电劈到小城旁边的峭壁上，劈下两块巨大的石头，石头瞬间朝着下面波斯的军队队列砸去。德尔菲的将士们趁着这次天罚带来的恐慌和混乱，纷纷冲向敌军，波斯军队瞬间溃不成军。在这次战斗中，德尔菲人还得到两位古代英雄的帮助和指点，那两位英雄本就是当地人，德尔菲庙宇中有两座神庙就是因他们二人成圣的。这两人以全副武装的高大形象出现,战斗刚开始的时候,他们带领德尔菲士兵攻打波斯士兵,缔造了力量与勇气的传奇;战役结束后,他们又和来时一样神秘地消失了。

与此同时,波斯军队一直在薛西斯的带领下向雅典逼近。彼时的雅典城人心惶惶,混乱不堪。希腊舰队在塞莫皮莱战役开始之前就决定放弃阿提密西安狭道,然后绕道萨拉米斯岛,从那时开始,雅典城的领袖就意识到他们阻挡不了波斯人的进攻,所以很早就通告雅典城的百姓,让他们尽可能地寻找庇护的场所躲藏。可想而知,这样的告示肯定会让全城笼罩一层阴郁,战事的准备工作也让许多地方看上去很恐怖,到处都是一副灾难即将来临的悲痛场景,那些不曾亲眼见过城市撤离的百姓是想象不出来那个画面的。

这时,雅典百姓最害怕的是波斯舰队;因为希腊舰队已经从阿提卡水域撤离,因此现在雅典海岸是完全开放的,所以波斯舰队随时都有可能在雅典城附近的海岸着陆。然而,海上舰队的危险还未传到雅典城,城里的百姓就收到一个更可怕的消息,那就是波斯军队已经攻下了塞莫皮莱狭道,也就是说此时的雅典人不仅面临波斯海上舰队的威胁,而且整个波斯的主力部队即将在陆路逼近雅典城。可想而知,这个新消息进一步加剧了人们的恐慌。所有从雅典通往西部和南部的路上都挤满了可怜的逃亡之人。逃亡路上，所有人都是满脸的疲惫和艰辛，在他们艰辛和几近绝望的逃离中，他们忍受着苦难、匮乏和绝望。雅典城的军队又赶紧返回地峡，试图在那里抗击敌军，守住伯罗奔尼撒半岛。逃亡的百姓想方设法逃到岸边，在那里他们可以乘坐从对面开来的运输船，然后去往埃维厄岛和萨拉米斯岛，还有一些人去往南部那些自认为更安全的海岸和小岛上。

然而，还是有一些百姓留在了雅典城里。因为这些人认为之前的神谕所提及的"木墙"指的并不是舰队的船只，而是围在雅典城城堡周边的栅栏。于是他们修复和加固了这些栅栏，然后与一支卫戍部队留在城堡里准备抗击敌军。

雅典的城堡，也叫做雅典的卫城，是世界上最富有、最壮观以及最宏伟的堡垒。它座落在一坐椭圆形的石头山上，四周都是险陡的峭壁，人们只能从它的顶部才能进入里面。城堡的顶部是一个椭圆状的区域，大概3000英尺长，500英尺宽，也就是大约10公顷的面积。顶部的这片区域以及西部的路径上都矗立着当时整个欧洲地区最壮观最雄伟，同时也是耗资最大的建筑物。这里有神庙、石柱廊、门楼、阶梯、柱廊、塔以及城墙，所有这一切都呈现出一副气势恢宏的景观，让人忍不住地

第十章 焚毁雅典城

赞美。而若细细看去的话，人们的目光所及之处，建筑的材质昂贵，技艺精湛完美，装饰丰富而奢侈，这些更让人惊叹不已。矗立在各个神庙和平台上的铜像和大理石雕像不仅种类繁多，而且数量众多。其中，密涅瓦女神的雕像是由希腊最伟大的雕刻大师菲迪亚斯雕刻完成的，这座雕像完成于大流士在位期间组织的著名马拉松战役之后。这座雕像的底座有60英尺高，它矗立在城堡入口的左边，比下面雅典城的所有建筑物都要高。它依靠在自己的长矛之上，仿佛是守卫城堡的哨兵。从同样的这个位置上向入口的右边远处望去，那里矗立着著

雅典卫城集古希腊建筑与雕塑之大成，是希腊最杰出的古建筑群，图为雅典卫城全景，利奥·冯·克伦策（Leo von Klenze，1784—1864）绘

名的帕特农神庙。在某种程度上，这座神庙是世界上最著名的。这些建筑物的废墟留存至今，曾经修饰精美的它们现如今孤单地矗立在那边荒凉的地方。

密涅瓦也就是希腊神话中的智慧女神雅典娜，图中城堡左上方即她的雕像

第十章 焚毁雅典城

薛西斯到了雅典城之后,他发现自己轻而易举就可以攻破这座城市,因为这里的百姓已经逃离,城市也没有任何的防御力量。城里仅存的一些百姓纷纷涌向城堡。然后在唯一一条靠近大门的地方设置了"木墙",然后在岩石上方堆满了大石头,准备敌军攀爬城墙的时候投下石块抵制敌军入侵。

薛西斯劫掠和洗劫雅典城之后,占领了雅典卫城对面的一座小山,在那里他命人铸造了一些器械,然后用这些器械向对面的城堡投射超长的弓箭,弓箭投射出去之后在落下的地方就会迂回盘旋。波斯军在发射这些弓箭之前就把弓箭一端缠上一层易燃物,然后在发射之前将其点燃。这样一来,无数燃烧着的投射物就如雨点般直接飞到了木墙之上。很快木墙就燃烧起来,化为灰烬。但是,进入雅典的卫城还是很困难,因为它的四周都是陡峭的斜坡,只要那些围城军在时刻准备向下面的攻城者扔石头,那想要进入卫城就还是很危险。

最终,经过一段长时间的对抗与杀戮之后,薛西斯成功地进入城堡。一些波斯士兵设法找到了一种可以登上城墙的路径。他们与驻守在卫城上的士兵经过一场拼杀之后,成功地进入城内,然后为下面的同胞打开了卫城的大门。这些波斯士兵对于希腊士兵的誓死抵抗非常恼怒,因此他们杀死了卫戍城堡的士兵,并对躲避到这里的百姓大开杀戒，百般蹂躏。最后他们抢走了城中的财富，并一把火烧了城堡。

  焚毁希腊城是薛西斯此次远征行动的主要目标，此刻目标实现，薛西斯非常的得意和兴奋。在准备进行远征的时候，薛西斯曾暗自下决心说自己一定要洗劫并毁掉雅典城。现在他所期许的一切都实现了，于是他立即派出一名信使前往苏萨城，向本国的百姓传达这个胜利的消息。

第十一章

萨拉米斯海战

精彩看点

萨拉米斯岛的位置——希腊舰队的策略——磋商和争论——会议陷入混乱——会议重新召开——提米斯托克利受到指责——萨拉米斯岛的逃亡者——尤利比亚德决定留在萨拉米斯岛——地震——薛西斯召开战时会议——波斯官员的观点——阿尔泰米西娅反对攻击希腊舰队——参会人员的不同感受——提米斯托克利的大胆计谋——波斯人采取措施——波斯人包围了希腊舰队——亚里斯泰迪斯带来的消息产生的影响——帕拉埃提乌斯的冒险精神——最后的战事准备——薛西斯的宝座——提米斯托克利的讲话——恐慌与混乱——战争开始——阿尔泰米西娅的计谋——阿尔泰米西娅攻击达玛西提摩斯——波斯人撤退——希腊舰队获胜——薛西斯决定逃跑——古老预言的实现

第十一章　萨拉米斯海战

萨拉米斯岛是一个形状非常不规则的岛屿，它地处萨罗尼克湾内，位于埃维厄岛的北部，雅典的西部。所谓的"雅典港"就位于萨拉米斯岛的对面海岸。雅典港建在距离海岸线四五英里的高地上，从这里到距离萨拉米斯岛南部，也就是希腊舰队驻守的地方，大概只有四五英里的距离。因此，当薛西斯焚毁雅典城的时候，站在舰队甲板上的人很快就看到了这场火灾。

科林斯地峡位于萨拉米斯岛的西部，穿过萨罗尼克湾大概需要走十五英里的路程。从雅典撤退的希腊舰队在驶往地峡时需要绕过萨罗尼克湾，路线有些迂回。而紧随其后的波斯舰队则是直线行驶过去的。清楚地了解战争波及到的这些地方的地理位置关系后，希腊和波斯舰队的作战计划就一目了然了。

希腊盟军的策略一直都是陆军部队和海军舰队的军

薛西斯大帝

事行动要尽量相互配合,因此当希腊的陆军部队集中在塞莫皮莱狭道的时候,希腊的海上舰队也随之开往塞莫皮莱海岸对面的阿提密西安狭道或海峡。在利奥尼达斯和他率领的斯巴达勇士死守海边的塞莫皮莱狭道时,希腊舰队也在阿提密西安狭道英勇抗敌,死守驻地。后来波斯人惊讶地发现希腊舰队不见了,那是因为希腊舰队收到消息说塞莫皮莱狭道失守,而利奥尼达斯战死了。希腊舰队意识到雅典将是希腊士兵抗击波斯军队的下一个作战点,因此他们撤回萨拉米斯岛,或者确切地说是萨拉米斯岛和雅典海岸中间的那个海湾,因为那里是给陆路的希腊士兵提供军事支援的最近地方。然而,希腊舰队很快就得到消息,雅典失守,而希腊的剩余部队撤到了科林斯地峡。这样一来,希腊舰队也陷入了困惑,他们不知到底该穿过萨罗尼克湾去地峡处的海岸,然后密切配合希腊军队,还是该留在原地竭尽全力抵抗紧随其后的波斯军队。希腊舰队的各位指挥官就这个问题召开了一次会议。

在这次磋商会议中,雅典军的指挥官和科林斯的指挥官意见不合,险些发生冲突。在当时的情况下,双方意见相左并不奇怪。从这两个城市的地理位置关系以及双方面临的威胁就不难判断,这种矛盾在所难免。如果希腊舰队从萨拉米斯岛退守科林斯地峡,那么科林斯就

第十一章 萨拉米斯海战

会得到更好的防御。但如此一来,希腊舰队从雅典领域撤退,就意味着希腊盟军将阿提卡区域所存留的一切都交到了敌军手上。因此,希腊的指挥官要求希腊舰队留在萨拉米斯岛,而科林斯指挥官则倾向于让希腊舰队退到科林斯地峡海岸,支援那里的希腊陆军。

磋商会议召开时,雅典失守的消息尚未传来。但一想到那么多波斯兵力向阿提卡地区进发,而雅典城里几乎没有希腊士兵留守,再笨的希腊人也明白雅典失守已是大势所趋。会议进行到一半的时候,波斯人攻占和焚毁雅典的消息传来,希腊舰队不得不立刻做出决定。科林斯指挥官和伯罗奔尼撒半岛上其他城邦的指挥官宣称,希腊军队继续驻留在萨拉米斯岛是极其荒谬的,守卫一个已经被攻占了的城邦毫无意义。会议很快陷入混乱,每个国家的舰队指挥官都想回到自己的战船上去,而伯罗奔尼撒半岛上其他几个城邦的指挥官则决定第二天一早撤退。希腊舰队的总指挥官尤利比亚德也觉得希腊舰队不能再停留在萨拉米斯岛了,既然有一部分舰队坚持要撤退,考虑到现在的战事情况,他决定希腊舰队全部退守科林斯地峡。紧接着,他发布了撤退的命令,其他指挥官纷纷回到各自的战船上去做准备。会议结束已是晚上,第二天一早舰队将驶离萨拉米斯岛。

提米斯托克利是雅典舰队中的一位赫赫有名的将

领，在军中颇具影响力。会议结束后，他回到了自己的战船上。不一会儿，一位名叫尼西菲卢斯的雅典人前来拜见他。尼西菲卢斯在这次重大危机面前显得焦虑不安。因此他趁着夜色来到提米斯托克利的战船，想和提米斯托克利沟通一下第二天的行军计划。尼西菲卢斯跟提米斯托克利打听会议的结果。

提米斯托克利回答道："放弃萨拉米斯岛，退守科林斯地峡。"

尼西菲卢斯说："这样的话，我们就没有应战的机会了。我们一旦离开这里，联盟舰队一定会解散，到时每个国家的舰队长官都会撇下其他人，要么去守卫自己的国家，要么自行寻找安全之所。到那时我们就再也无法将兵力聚集再一起了。最后联盟舰队一定会解散，而这种结局无论是尤利比亚德还是其他人都阻止不了。"

尼西菲卢斯口才很好，他非常诚恳地向提米斯托克利分析了退守科林斯地峡的潜在危险，试图引起提米斯托克利对此事的重视。提米斯托克利表面虽没说什么，但他的神情已经表明他很赞同尼西菲卢斯的观点。尼西菲卢斯催促提米斯托克利赶紧去找尤利比亚德，然后尽力说服他改变主意。提米斯托克利对此既没有表示反对也没有表示赞同，而是乘着自己的小船，命划桨者载着他去尤利比亚德的战船。至此，尼西菲卢斯的目的已经

第十一章 萨拉米斯海战

达成，于是他就离开了。

提米斯托克利乘着自己的小船来到尤利比亚德的战船边。他说他有特别重要的事情讲与总指挥官。尤利比亚德听到通传后，派人将提米斯托克利请到了甲板上。提米斯托克利到甲板上后，开始将尼西菲卢斯说给他的那番话又讲给了尤利比亚德听，说一旦舰队从现在这个地方驶离，各国舰队必将分离开来，到那时舰队就很难再集中在一起了。因此，他敦促尤利比亚德召开新一轮的议会，收回撤离萨拉米斯岛的决定，然后在这里和波斯军队开战。

提米斯托克利说服了尤利比亚德，于是尤利比亚德立即采取措施，再次召集舰队长官参加会议。召开会议的号令是在午夜发出的，要求舰队各级主要官员火速前往总指挥官的战船开会，当时距离那些舰队撤离已经很近了，因此这一号令让人们颇为紧张。科林斯的指挥官在之前的会议中竭力主张放弃萨拉米斯岛，他猜想再次召开会议很有可能是要改变之前的决定，因此开会之前他们就决定如果有人胆敢提出反对意见的话，那他们一定反抗到底。

舰队官员们来到尤利比亚德的战船后，尤利比亚德还没来得向大家说明为什么要把大家召集在这里，提米斯托克利就开始就舰队的去留发表言论。一位科林斯的指挥官打断了他的发言，然后指责提米斯托克利竟然在他之前发言。提米斯托克利反驳了那位科林斯长官的话，然后继续阐述自己的观点。他敦促人们重新审视之前会议的决定，留在萨拉米斯岛同波斯军开战。但是，他向参会的人所阐述的理由与他单独跟尤利比亚德谈论的理由并不相同；他之前是向尤利比亚德控诉这些人的企图，即一旦放弃萨拉米斯岛，他们就会抛弃自己的盟友，然后各自乘着自己的战船回到自己的国家。但如果他现在直接这么说肯定会惹怒他们，从而招来他们的敌意，那样的话无论他提出何种观点都会遭到其他人的反对。

　　于是，提米斯托克利迫不及待地开始呈明联盟舰队应该留在萨拉米斯岛的理由。萨拉米斯岛比科林斯海岸地理位置更优越，一支小的舰队就可以抵御一支庞大舰队的进攻。在萨拉米斯岛，突起的陆地可以防御敌人来袭，保护联盟舰队的侧翼，防止敌人的攻击。相反，科林斯海岸线较长，沿岸地形变化甚微，海岸附近也没有可供舰船停泊的港湾，因此将舰队停靠在那里既没有显著的优势，也没有宽阔的避风港。此外，即使联盟舰队转移到科林斯地峡，海军舰队再次与陆军的军事行动配合起来，他们也看不出海军舰队能从中得到任何实质性的益处。而且，他们在科林斯比在萨拉米斯岛更容易暴露，面临的危险也更多。此刻，成千上万的希腊百姓正

第十一章 萨拉米斯海战

逃往萨拉米斯岛寻求庇护和保护,如果舰队在这个时候离开,那就相当于弃他们的生命于水火。

其实最后一点才是雅典人不愿意舍弃萨拉米斯岛的主要原因。那些逃亡萨拉米斯岛的人中有他们的妻子和孩子,因此他们非常不愿意撇下他们独自离开,他们知道,一旦舰队撤离他们的亲人将面临怎样的不幸。但科林斯人坚持认为,雅典已经失守,希腊舰队继续停留在废墟附近已经没有任何意义,毕竟盟军还得守卫希腊其他地区的城邦和城市。在提米斯托克利说完话之前,之前指责他的那个柯林斯人再一次打断了他的发言。

那个科林斯指挥官说:"你的国家已经失守,你再也代表不了一个国家,你还有什么权利在这里发言?你现在根本不配参与我们的长官会议!"

面对这一无情的反驳,提米斯托克利的内心愤愤不平。他也极为严厉地斥责了对方,最后他表态,只要雅典的200艘战舰还在盟军的舰队中,他们的国家就还在,他们的指挥官在这种长官会议中就有绝对的发言权,且他们的这种权利要比科林斯人所认为的更大。

然后,提米斯托克利又转向尤利比亚德,恳请他让舰队留在萨拉米斯岛,并在这里向波斯宣战。正如他所说的,这是他们拯救希腊的唯一办法。他还表明,雅典舰队绝对不会去科林斯地峡。如果其他人执意要去那里,那么雅典人就会把萨拉米斯岛和阿提卡海岸地带的逃亡者都聚集起来,然后自己设法去意大利,他们将在那里求得一块土地,建立一个新的城邦,永远不回希腊。

舰队联盟的指挥官尤利比亚德本来对之前提米斯托克利陈述的理由将信将疑,但此时,听到提米斯托克利说如果联盟舰队离开萨拉米斯岛的话,雅典舰队就将自行离开,他惊讶不已;于是他果断下令联盟舰队将一直驻守在萨拉米斯岛。最终会议的其他成员默认了这个决定,会议解散,诸位长官纷纷回到自己的战船。彼时天已经快亮了。整个晚上所有舰队成员都处于一种紧张焦虑的状态,迫不及待地想知道会议讨论的最终结果。不言而喻,在这期间每个人的心头都异常沉重。然而,就在这一重大消息即将传开的时候,黎明时分这里突然发生了一场地震,人们的心头也由沉重变为恐惧。这样的震动不仅使大地晃动,连海上的船只也摇晃不定。人们认为这种现象是神发出的郑重警告,因此人们赶紧采取措施,举行了盛大的献祭仪式,以此来平息神的怒气。

与此同时,我们前面所提到的波斯舰队正处于塞莫皮莱狭道附近的埃维厄岛和陆地之间的海峡里,当他们发现希腊舰队离开那片水域后,就开始向南追击。他们穿过埃夫里普狭道,快速绕过阿提卡南部的海岬苏尼海角,然后又沿着阿提卡地区的西海岸线向北行进,彼时

第十一章 萨拉米斯海战

已经到达了距萨拉米斯岛不远处的法勒鲁姆。薛西斯也已经结束了他在雅典的军事行动,波斯的陆路部队也已抵达法勒鲁姆。

毫无疑问,就目前看来,波斯的远征行动即将取得最终的胜利。希腊半岛北部的所有城邦都已沦陷。希腊军队已经被迫从其他地方撤退到了科林斯地峡,而那里是他们抵御敌军进攻的最后一丝希望。而希腊的海上舰队也被迫穿过道道海峡和片片海域,不断遭遇挫败又不断集结,最终退至萨拉米斯岛。显然,萨拉米斯岛是他们的最后一处避难所,等着波斯军前去摧毁。

总而言之,一切都预示着具有决定性的决战即将来临。薛西斯刚一到达法勒鲁姆,就召集人们在舰队甲板上召开一场盛大的战时会议,商定决战的具体时间和作战方式。

会议的各项准备工作有序地开展起来,这些波斯人不仅从容不迫,还为此举行了盛大的阅兵活动和庆贺仪式。代表各个陆上部队和海上舰队的君主以及波斯的各级官员和贵族都应邀参加了此次会议。会议在一艘主战舰的甲板上举行,这艘战舰的人员为举办如此重大的会议进行了多番准备。他们为国王摆好宝座,并依照各级官员的品阶依次为他们准备了座椅。还记得,在多里斯卡斯平原大阅兵时,我们曾提到卡里亚的女王阿尔泰米西娅,她是当时最著名的海军指挥官之一。在此次会议的那些座位中,她的座椅摆放在特别显眼的位置。马尔多尼乌斯作为国王代表和传达号令的人列席了此次会议,这是因为在这样的王室会议中,国王和与会者中间必须有一位传话人在场,就好像是因为君王本身的威严和气场太过强大,以至于即使是小国的君王和贵族都不能直接与国王对话。

会议正式开始,与会人员开始商议讨论。国王指示马尔多尼乌斯让在座的各级长官依次发表自己的观点,讨论一下波斯舰队是否应该在萨拉米斯岛对希腊舰队发起攻击。马尔多尼乌斯传达了国王的话。这些长官们纷纷建议应该发起攻击,他们不仅阐述了执行这项计划时应该注意的问题,还表达了对这次行动的迫不及待。

然而,等到阿尔泰米西娅发言时,人们发现她与其他人的观点不同。她开始发言的时候有点像是在道歉。她说尽管她是女人,但是她已经如其他指挥者一样,在过去参与的几次战斗中履行了自己的职责,因此有权参与此次会议并发表自己的看法。接着,就像其他人的做法一样,她对马尔多尼乌斯说:"我认为我们不应该对希腊舰队作战,相反,我们现在应该避免作战。在我看来,发动战争于我们无益,而且现在发起一场海战的话,我们还将面临很多危险。作为格斗者,希腊的战士勇猛

第十一章 萨拉米斯海战

无敌。现在他们的舰队已经被迫撤退了好几个海峡,考虑到他们所受的损失,此刻的希腊舰队必然会铤而走险。而我们的船员无论是体格还是勇气都相对逊色,因此我觉得在对方如此盛怒和不快时,我们贸然发动战争太危险了。无论其他人怎么想,反正我觉得结局并不明朗。"

阿尔泰米西娅接着说:"此外,就现在他们所处的位置而言,我觉得此刻最希望开战的应该是他们,因此我们更不应该顺了他们的意。我很确定,他们的舰队并不充足,他们在萨拉米斯岛上的粮草也很匮乏。更何况他们不仅要供养自己的军队,还要供养那些贫困无依的逃亡人员。如果我们一直驻守在这里对其实施封锁,任由他们自生自灭,那他们很快就会苦不堪言,生不如死。或者,如果我们现在从这里撤离,立即开赴伯罗奔尼撒半岛,海陆部队在那里集合,那我们就可以免于战争,我相信,希腊舰队绝不敢跟随或骚扰我们。"

参加会议的人都聚精会神饶有兴趣地听阿尔泰米西娅出人意料的发言,但每个人的感受各不相同。参会的人里有许多是阿尔泰米西娅的朋友,她的那些朋友听到阿尔泰米西娅的这般发言非常紧张,因为他们非常清楚这次开战是国王的既定意图,生怕阿尔泰米西娅的这个大胆而费尽心思想出来的反对意见会触怒国王。此外,参会的人中还有一些人非常妒忌阿尔泰米西娅的影响力,也非常嫉妒国王对阿尔泰米西娅的重视。因此这会儿听到阿尔泰米西娅的发言,他们心中一阵窃喜,因为他们可以肯定她的话会让国王非常生气,国王以后绝对不会再重视她了。阿尔泰米西娅的朋友和敌人们有人欢喜有人忧,但他们所担心和预料的那些统统没有发生。薛西斯非但没有生气,反而极具溢美之词地赞赏了阿尔泰米西娅的诚实和说服力。尽管如此,薛西斯最终还是决定听从其他参会人员的建议。然后,薛西斯解散了会议,下令准备开战。

在提米斯托克利的说服下,尤利比亚德决定留在萨拉米斯岛并对波斯开战,但是一两天过去了,随着战争的逼近,那些最初不同意这一作战计划的人变得越来越不满和不安。实际上,有些舰队中的这种不满和不安已经变得非常明显和公开,提米斯托克利生怕某些将领会蔑视舰队联盟驻留此地的决议而发动叛乱,然后带着他们国家的舰队独自离开。为了防止这种擅离职守的情况发生,提米斯托克利想出了一个铤而走险的计谋。

提米斯托克利家里有一个奴隶,名叫西琴诺斯。他虽然是个奴隶,但却是一个受过教育的知识分子。实际上,他是提米斯托克利的孩子们的老师。在古代,这种奴隶本身是有教养的文人雅士的情况非常普遍。很多时候,这些人在战场被俘之前,他们的社会地位很有可能

第十一章 萨拉米斯海战

与现在的主人一样高。提米斯托克利决定派西琴诺斯去波斯舰队为他传递一个消息,从而诱使波斯舰队采取措施阻止希腊舰队的溃散。他悄悄告诉西琴诺斯他的计划,然后在夜色来临之时让他坐上小船,吩咐划桨者载着西琴诺斯去他想去的地方。这只小船悄悄地从提米斯托克利的战船旁驶出,避开停泊在周边的其他战船,然后一路向南朝着波斯舰队的方向驶去。当小船划到波斯舰队附近时,西琴诺斯要求面见舰队指挥官。薛西斯命人将他们带上来,西琴诺斯说他是希腊联盟舰队中雅典舰队将领提米斯托克利派来的。

西琴诺斯还说,"我奉提米斯托克利的命令前来告诉您,他已经认识到希腊舰队的军事反击即将全面失败,因此提米斯托克利非常想投靠波斯舰队。但考虑到他现在在军中的处境,他又不能公开投诚。此刻他派我来是想告诉您希腊舰队现在犹如一盘散沙,舰队首领之间意见不合,希腊将士军心不稳,士气低落;甚至有几个国家的战船想要出逃;因此,若波斯舰队能将希腊舰队包围起来,或驻守在周边据点拦截那些企图出逃的战舰,那么最终整个舰队都将落在波斯人的手中。"

说完这些,西琴诺斯再次回到自己的小船上,然后和来时一样偷偷回到希腊舰队中。

波斯人立即决定采纳提米斯托克利建议的措施,防止希腊舰队的任何战船出逃。萨拉米斯岛和阿提卡海岸之间有一个小岛,小岛位于萨拉米斯岛的东部,名为赛特利亚小岛。占领这个小岛意味着在很大程度上控制萨拉米斯岛和陆地之间的水域。波斯在夜间派出了一支战舰部队占领了这个小岛,希望可以就此阻止希腊舰队从这个方向出逃。此外,他们还预见,随后爆发的战役主战场一定在小岛附近,因此这个小岛将来能够成为破损的船只和伤员们的据点,毕竟他们通常都是就近寻找庇护所。因此,占领这个小岛尤为重要。战争一旦爆发,他们还可以击退那些从战场上逃跑企图上岸的人。

波斯人趁着夜色悄悄占领了这座小岛,并派了战舰驻守在附近区域,从而切断了希腊军队在这个方向上的逃跑路线。与此同时,波斯人还派了另一支庞大的舰队向西朝着地峡的方向行进,以期阻止那些绕过萨拉米斯岛然后从狭道的西北方向逃窜的希腊舰队。至此,为了阻止希腊舰队有船只逃离,波斯人已经在希腊人毫不知情的情况下将他们四面包围了。

一位名叫亚里斯泰迪斯的雅典将领率先得知了波斯人包围希腊的消息,那天夜里,他历经波折突破波斯战舰的重重封锁,从埃维厄岛回往希腊舰队所在地。亚里斯泰迪斯早些年在雅典曾与提米斯托克利斯发生过政治冲突,是提米斯托克利斯的劲敌。在那场政治冲突中,

亚里斯泰迪斯是古希腊政治家,被希罗多德称为"最高尚的人",图为他的画像,查尔斯·布罗卡斯(Charles Brocas,1774—1835)绘

提米斯托克利斯获胜，而亚里斯泰迪斯则遭到流放。然而，此刻他经受了那么多的困难与危险，费尽心思逃出敌人的封锁线，只是为了告诉自己的同胞危险的存在，甚至尽力挽救他们的生命。

当亚里斯泰迪斯到达希腊舰队的时候，舰队的长官们正在参加会议，他们正在焦躁而愤怒地争吵，争吵内容依然是希腊舰队到底该退该守的问题。亚里斯泰迪斯把提米斯托克利从会议中叫了出来。看到自己的宿敌就这般突然出现在自己的面前，提米斯托克利非常吃惊。

亚里斯泰迪斯说他觉得在这种紧要关头他们二人应该不计前嫌，共同保卫自己的国家，不惜生命。他表示自己从埃维厄岛来到希腊舰队就是希望自己能尽一份力，还表示现在讨论希腊舰队退守科林斯地峡已经毫无意义，因为现在离开这里已经不太可能。他说："波斯人已经包围了这里，我历经万难才冲破敌人的封锁。现在整个希腊舰队以及尤利比亚德自己想要从这里撤离已经不可能了。你现在赶快回去把这个消息告诉他们，现在他们的唯一选择就是在这里做好防御。"

提米斯托克利回复说，听到亚里斯泰迪斯说的这个情况他太开心了。他还说："波斯舰队的军事行动正是在我的引导下进行的。我之所以派人给波斯人送信，就是因为一部分希腊人似乎不太愿意与波斯人开战，所以

第十一章　萨拉米斯海战

我想迫使他们留在这里。但现在你必须亲自对他们说一下这个情况。"他还说："你直接向这些海军将领说明情况，如果我说的话他们是不会相信的。进来吧，把你知道的情况说给他们听。"

于是，亚里斯泰迪斯进入开会的地方，然后告诉那些舰队长官现在他们已经无法撤退了，因为波斯的战船就驻守在西边等着拦截希腊的队伍。他说自己历经艰辛从埃维厄岛过来，因为乘的是一只小船，加之有夜色做掩护，才突破了敌人的封锁线。他确定希腊舰队已经被团团包围了。

说完这些，亚里斯泰迪斯就退下了。虽然他能作为见证人进入会场向在座的各位长官汇报情况，但汇报完之后他就无权参加接下来的讨论了。

所有参会人员得知亚里斯泰迪斯带来的消息后陷入了极大的恐慌。他们非但没有迅速达成一致意见，反而争吵得更加激烈，局面即将失控。在这些人中，有些人之前一直想要退守科林斯地峡，现如今这些人变得非常生气，抱怨撤退机会摆在眼前的时候，尤利比亚德不让他们走；还有一些人压根不相信亚里斯泰迪斯的话，仍然坚持撤离；其余的人之前就主张留在萨拉米斯岛，现在得知舰队无法撤退，他们更加得意了。实际上，他们的种种反应在很大程度上取决于他们对亚里斯泰迪斯的话有几分信任。当然，参加会议的很多人自始至终就没有相信亚里斯泰迪斯的话，他们坚持认为这是那些想留守在萨拉米斯岛的雅典人设计的计谋，目的就是让舰队留在这里与波斯人开战。

尽管参会人员对亚里斯泰迪斯带来的消息持有疑虑，但这种疑虑很快就消失了，因为有新的确切的证据出现——当人们还在会议上争论不休的时候，希腊哨兵来报，有一艘三层桨的战船从波斯舰队驶来。这艘战船实际上是一艘来自特纳斯的希腊船只，因为薛西斯在实施自己的征服计划时，曾将波斯征服的那些地方或是那些向波斯投降的地方的战舰强制性地纳入波斯舰队中，想在他们的辅助下征服希腊的其他地方。但这艘战舰的指挥官不愿意对自己的同胞开战，因此他决定趁着夜色驶离波斯舰队，加入希腊舰队联盟。这位指挥官名叫帕拉埃提乌斯，他证实了亚里斯泰迪斯所说的都是实情。他确定希腊舰队已经处于波斯的包围中，现在希腊舰队能做的就是赶紧进行战前准备，然后第二天一早迎战波斯舰队。这艘三层桨战船的到来对希腊人来说至关重要。希腊舰队的指挥官们终于结束了争论，所有人都紧紧地团结在一起，共同为战事做准备。这艘战舰在之后的战役中发挥了重要作用。希腊人非常感激帕拉埃提乌斯及其所率领的队伍，因为他们在这样一个夜晚冒着极大的

第十一章 萨拉米斯海战

风险从波斯舰队来到希腊舰队,参与到这场战役中,并选择与自己的同胞一起共命运。战后,希腊人把这艘战船上所有人的名字都刻在一尊专门为此铸造的三足鼎圣物上,并将其放置在德尔菲神庙内,使其成为提洛岛人爱国主义和忠诚的象征永远矗立在那里。

晨光微露,希腊舰队的所有人员都振奋精神为即将到来的这场战争做着最后的准备。作战计划已经制定好,号令也已经下达。人们检查完作战武器后将其放置在战

提洛岛是基克拉泽斯群岛中面积最小的岛屿,也是希腊最重要的考古地点之一,图为提洛岛风景画,卡尔·路特曼(Carl Rottmann,1797—1850)绘

舰的甲板上，以便随时使用。舰队的官员和将士们都在互相嘱托，一旦自己遭遇不幸，那另一方就代为看顾亲朋，处理自己的财物。舰队的指挥官们都表现得很兴奋，不断激励人心，鼓舞士气。那些意志坚定、身强体壮的人不断激励那些意志不坚定和身体相对孱弱的人；有些人虽然非常恐惧即将到来的战争以及最终的结局，但也有意隐藏起了那份惧怕，表现出一副迫不及待想上战场的模样。

薛西斯让人在陆地靠近海岸的一块高地上为他准备了一把椅子，这样他就可以亲自观战。届时还会有护卫和其他人站在他身边。这些人中有很多文书，他们准备了笔札，战事开始后他们将在这些材料上记录相关的战事，尤其是要记下薛西斯看到的那些在战场上表现威猛或是战绩卓越之人的名字。这件事全军上下都已知晓，薛西斯认为这样安排能够激励那些指挥官好好表现，刺激他们更好地英勇抗敌，与此同时，在国王的监督之下，这些文书不仅要记下那些值得奖赏和表扬的人，还要记录那些需要接受惩罚的人；在之后的战争中出现了好多次这样的状况，那些丢弃船只逃跑到岸上的指挥官被人带到薛西斯的面前，然后在那里他们因为自己的错误或厄运而接受惩罚，薛西斯会命人当场砍下他们的头颅。其中有一些受到这种处罚的人是希腊人，他们之所以遭

第十一章 萨拉米斯海战

此残害是因为他们没能在薛西斯的驱使下成功打败自己的同胞。

黎明来临之前,提米斯托克利把能够召集起来的雅典兵力都集合在一起,让他们在萨拉米斯海岸一个地方集中,然后就像希腊指挥官们在奔赴战场之前会做的事情一样,提米斯托克利也对着即将出发的将士们发表了讲话。他告诉这些将士,在他们即将参加的这场战争中,战争结果并不依赖于参战人员的数量,而在于双方在战场上表现出来的决心和作战表现。他举了好几个例子,说明虽然有些作战方人员较少,但是他们纪律严明,紧密团结在一起,英勇作战,共同抗敌,最终他们也能打败那些在人数上远远超过他们的敌人。他承认波斯舰队的作战人数比希腊舰队的作战人数多,但希腊还是能够战胜波斯的。只要希腊的战士们能够严格听从上级指令,遵照指挥官制定的作战计划,齐心协力共同抗敌,显示出希腊将士的勇猛以及必胜的决心,那么希腊就一定能够取得胜利。

提米斯托克利说完这番话,立即开始命令士兵们登船出发,很快希腊舰队就排列成作战的队形。

尽管希腊军队一向以队列整齐纪律严明著称,但在进行战事准备的过程中,希腊舰队全军上下还是充斥着恐慌与混乱。随着清晨的来临,战事一触即发,这种恐慌和混乱也开始不断升级。船只来来往往，穿梭不停，船桨的撞击声、兵器的叮当声、指挥官下达命令以及士兵回应指令的叫嚷声混杂在一起，一切都显得杂乱不堪。与此同时，双方战舰正不断靠近，作战双方都迫不及待地想要开战。实际上，这个场面太过混乱以至于战役全面爆发之后，没有人清楚地知道这场战役到底是如何开始的。有人说是之前派往埃维厄岛寻求支援的那艘船正好在那天早上返程，它在穿过波斯舰队的封锁时率性发起攻击；还有一些人的想象力比较丰富，在这种场面的刺激下，他们说在那天早晨朦胧的薄雾中看到一个女性的形象，然后那个人不断地召唤和呼喊，催促他们前行。他们说他们听到她在呼喊，"快点！加油！没有时间徘徊了。"

且不管事情的真相如何，总之战役很快就在萨拉米斯海湾全面爆发了。四处都是暴怒、厮杀、绝望和死亡的战斗场景，那种惨烈在当时的海上战役中绝无仅有，即使是现在人们也不敢再看一眼。在现代战事中，枪炮产生的烟雾很快就会在战场上方笼罩起一层无法穿透的恐怖面纱，大炮投射时发出的连续不断的轰鸣声足以掩盖其他所有的喧嚣声。因此，在现代战争中，处于战场之外的人很少能够看到或是听到真实的战争真正恐怖的地方。所有的画面和声音都淹没在连续的炮击和烟雾中。

第十一章 萨拉米斯海战

然而,当薛西斯坐在海岸边的座椅上观战时,这种情况并未出现。天空万里无云,一片晴朗,水面很平静,自战役开始到结束,从外围望去,战场上空一直都非常清晰。薛西斯能够识别任何一艘船,同时关注它在战役中的动向。他能看到谁在进攻,又有谁在撤退。在成百上千艘船的交战中,他能任选一艘船只,然后在开战时就观察它的作战情况,直到战争结束。他能看到那些在甲板上进行的格斗,那些落败的敌人掉到海里,还能看到武器破损,看到伤员被抬离战场以及那些落水的人像虫子般在光滑的海面上游泳。他还能看到有人将沉船牵拉到岸边,他们将守卫船只的人杀死,或是扔到海里,或是抓走作俘虏,然后将战舰慢慢牵拉到安全的地方。

图为萨拉米思战役战况,威廉·冯·考尔巴赫(Wilhelm von Kaulbach,1805—1874)绘

薛西斯大帝

薛西斯坐在那里从高地上观看战况的时候,看到战场上发生的一件事,这件事极大地引起了他的关注,让他非常的激动,尽管这一幕是假象。薛西斯看到的那件事情其实是阿尔泰米西娅一手策划的。在具体讲述这件事情之前,我们必须先了解一点,那就是阿尔泰米西娅在希腊舰队的指挥官中树敌不少。很多人非常嫉妒她享有的名气,妒忌她能够引起国王的注意,并且国王还非常看重她的意见和观点。在之前的战时会议上,当阿尔泰米西娅同其他长官一样向国王提出自己的意见时,这些人的嫉妒之心表现得尤为明显。这些人中有一个名叫达玛西提摩斯的人。当初希腊军队驶过达达尼尔海峡的时候,阿尔泰米西娅和达玛西提摩斯曾经起过一次争执。虽然当时问题解决了,但这两人还一直怀恨在心。

在此次战役中,阿尔泰米西娅所指挥的船只和达玛西提摩斯指挥的船只以及其他一些波斯船只驶到了海湾的同一区域;在厮杀和混乱上演的最激烈的时候,可能是着急追赶敌船,阿尔泰米西娅所指挥的战船和其他几艘陪她一起的战船被冲散了。当其他一些希腊战船突然出现前来助攻的时候,波斯舰队发现自己身处险境,于是波斯舰队在敌人的追赶中开始撤退。我们说撤退的舰队是波斯战船,是因为他们在作战中支持波斯这方,但是实际上这些战船是来自希腊城邦的,是薛西斯贿赂购

第十一章 萨拉米斯海战

买来或是强制性让其参战的。希腊人是通过看到他们插着波斯的旗帜才认出他们的。

在撤退过程中,希腊和波斯的战舰或多或少混杂到一起,这时阿尔泰米西娅发现离她最近的波斯战舰竟然是达玛西提摩斯指挥的战舰。她马上降下自己的波斯旗帜,然后采用了一些其他的巧妙办法使得自己的战船看起来像是一艘希腊战舰,这样她就成功地由被其他战舰追变为追逃其他船只。她指挥船只快速向达玛西提摩斯的船只靠近,然后对自己的船员说,只有击沉了那艘船他们才能够活下来。于是,这些船员拼尽全力撞击达玛西提摩斯的船只。此时,雅典舰队的船只就在附近,他们看到阿尔泰米西娅的战舰的行动,以为那是希腊的战舰,于是继续前行,将达玛西提摩斯交给阿尔泰米西娅处置。对于阿尔泰米西娅这样的女性而言,她能指挥数只战舰,面对如老虎般凶残的希腊士兵,她还积极参战,并在其中享受突袭的乐趣,因此达玛西提摩斯的结局可想而知。阿尔泰米西娅杀死了达玛西提摩斯和他的所有船员,将他的战船击沉,然后危机一过,她立即退回到波斯的舰队队列中。尽管她对于那艘船上的船员并不特别憎恶,但她还是觉得不留活口比较保险,这样可以避免东窗事发。

薛西斯饶有兴趣地在高地上观看此次事件,他看到阿尔泰米西娅击沉了另一艘船只，从阿尔泰米西娅将其击沉来看，他认为那肯定是一艘敌军的船只。他唯一不确定的就是发起攻击的那艘船究竟是不是阿尔泰米西娅的船只。事件发生时，站在薛西斯旁边的官员确信地说那艘船的确是阿尔泰米西娅的船只，他们之所次如此肯定是因为阿尔泰米西娅的船只构造比较特殊。于是薛西斯饶有兴趣地关注了战况的发展，当他看到最终结果的时候，薛西斯高度赞扬了阿尔泰米西娅，并说波斯舰队的许多男人打起仗来就像是女人一样，只有这个女人打起仗来向个真正的汉子。

如此看来，阿尔泰米西娅的策略简直就是一箭双雕。她既骗过了希腊军，又骗过了波斯军，且从这两方中都有获益。她让希腊军误以为自己的战舰是希腊的友军，从而挽救了自己的生命；她让波斯人误以为自己撞沉的是敌军的船只，从而在波斯人中获得无尚的赞誉和荣耀。

尽管薛西斯看到这件事以及其他一些场景的时候很开心，交战初期他还是饶有兴趣地好奇地观望，但随着战役的进行，当他看到希腊军队正全方位获胜的时候，他开始变得烦躁不安，愤怒不堪。尽管这些希腊舰队的指挥官们在战时会议中意见不合互相埋怨憎恶，但在战场上他们却团结而坚定，于此同时他们还表现得非常冷静、慎重和自律。数个时辰之前，波斯舰队就开始被迫

第十一章 萨拉米斯海战

节节败退。其中,最能够表现希腊人的不可战胜和高效作战能力的就是亚里斯泰迪斯的行为。读者应该还记得在开战前的那个夜晚,波斯人曾占领了赛特利亚小岛,而这个小岛就在作战区域附近。波斯人占领这个小岛有两重目的,既可以把它作为战时波斯人的撤退地和庇护所,同时又可以破灭敌军类似的想法。此刻,亚里斯泰迪斯手里并无一兵一卒。他曾在提米斯托克利以及其他敌人的迫害下被迫离开雅典,后来独自穿过埃维尼岛来到萨拉米斯岛的希腊舰队中,就是想向他的同胞们传递消息,告诉他们波斯人已经将希腊舰队包围了。但战争开始的时候,希腊舰队却将其留在萨拉米斯岛上,让他做一名旁观者。希腊舰队只留下了一小支部队守卫这片海岸。但在战斗进行的过程中,亚里斯泰迪斯意识到这里已经不需要他们守卫了,于是他立即做了这支小部队的首领,征用了不知是一些小船还是一艘战舰,总之船只穿越了海峡,然后在赛特利亚小岛着陆,征服了这个小岛,并杀光了驻守在这里的波斯士兵。

当夜晚来临的时候,希腊舰队占了上风,但这并非一次决定性的胜利,因为希腊舰队并不能迫使波斯舰队全面撤军。波斯舰队中虽然已经有许多船只损坏,但剩余的船只还有很多。夜晚来临的时候,波斯舰队从容朝着他们的停泊驻地法勒鲁姆驶去。希腊舰队也非常乐意

薛西斯大帝

他们退去,没有上前阻挠。实际上,希腊舰队第二天一直在不停地召集残余战舰,修缮损坏的船只,照顾伤员,总而言之,尽管他们这次战斗中获胜了,但战后他们却时刻准备着,准备一旦出现任何紧急情况,他们可以随时召集整支舰队应战。他们不知道到底波斯舰队的状况如何,也不知道第二天何时波斯舰队会发起新一轮的攻击。因此他们把所有的时间和注意力放在强化防御重新组织舰队上,时刻准备迎接波斯军的又一次袭击。

但薛西斯并没有打算发动新一轮攻势。这场战役的失败给了他致命一击,使他意识到他无法再进一步征服希腊。就像希腊人一样,他也让人连夜赶工尽力修缮受到损害的战舰,重新集结和组织剩余的战舰。然而,当薛西斯手下的人在忙着做这些的时候,薛西斯自己则郁郁寡欢,他不打算发起新的战争,而是打算尽快寻找一种最安全的办法,逃离眼下的危险,回到苏萨城去。

与此同时,海面到处都漂浮着失事船只的残骸以及碎片状的部件。在战斗中遭到毁灭的船体、大量缠绕在一起的桅杆和索具、损坏的船桨、各种形状的武器以及在海水浸泡中肿胀起来的可怕死尸都漂浮在海面上,随着海浪的翻滚或海风的吹拂四下散去。最终,这些承载着此次萨拉米斯战役的可怕记忆的物品穿过了辽阔的地中海,在海浪的推动下涌向非洲海岸。在那里有一个国

图为萨拉米思战役中波斯海上将领战败的情景，威廉·雷尼（William Rainey，1852—1936）绘

家叫科里亚斯。这里的未开化之人将这些船只残骸拽出沙滩,把这些东西当成生火的燃料,对于这种意外获得的东西,他们满心欢喜,只是他们并不知道这些东西实际上源于一场可怕的悲剧。然而,这样的结局正好向希腊人解释了很久以前在雅典流传的那个古老的预言,当时的那些先知一直理解不了预言中的神秘之物到底是什么东西。那个预言就是:

科里亚斯的女人们将以波斯人的船桨为燃料烘烤食物。

第十二章

薛西斯返回波斯

精彩看点

马尔多尼乌斯的忧虑——薛西斯很沮丧——马尔多尼乌斯请愿——薛西斯与阿尔泰米西娅协商——阿尔泰米西娅的犹豫不决——薛西斯采纳了阿尔泰米西娅的建议——薛西斯的不安与日俱增——薛西斯开始撤退——希腊舰队追逐波斯舰队——将领之间的争论——提米斯托克利的意见遭到否决——提米斯托克利给薛西斯传信——薛西斯撤退——饥荒和疾病——薛西斯穿过达达尼尔海峡——薛西斯回到苏萨城——薛西斯的放荡生活——他的三个儿子——护卫首领阿尔塔巴诺斯——阿尔塔巴诺斯刺杀薛西斯——亚达薛西杀死大哥——亚达薛西成功登上王位

第十二章　薛西斯返回波斯

　　犹记得，马尔多尼乌斯是薛西斯的军事指挥官，他的地位仅次于薛西斯。在此次所有的随军人员中，他的品阶最高。实际上，他的身份相当于国家总理，波斯帝国几乎所有的法令措施以及此次远征的行进都是他负责安排的。通常，当一个人处于这种高位的时候，一方面会期待计划成功后，国王能赐给自己最高的荣誉和奖励，另一方面也会担心计划一旦失败，自己可能会面临的最坏结局。因此，萨拉米斯战役之后，马尔多尼乌斯非常惧怕。他相信，如果波斯继续作战的话一定会取得成功；但他又非常了解，当时帝国国王薛西斯的秉性，他非常清楚薛西斯随时都有可能派兵前来将自己斩首。
　　马尔多尼乌斯观察到，战役结束后，薛西斯变得郁郁寡欢，焦躁不安，仿佛在酝酿一个特殊计划。他立即想到国王的这些表现说明他在考虑撤兵。马尔多尼乌斯

薛西斯大帝

思忖良久,最终决定与国王交谈一番,竭力驱散他内心的恐惧和不安,引导国王继续支持此次远征行动。于是他走上前去跟国王讲了下面这番话:

的确,我们昨天在战役中的表现没有预料中那么好,但这就像我们之前经历的所有困难一样,挫败总是暂时的。王上,您一路走来,远征之前所制定的那些计划现在几乎已经全部实现。您的队伍已经排除万难顺利启程。您率领着这些队伍穿过了色雷斯、马其顿和塞萨利,也亲自率兵披荆斩棘英勇抗争,顺利通过塞莫皮莱狭道。您颠覆了希腊北部所有城邦,也焚毁了雅典。因此,您不必对我们此次远征终将胜利有丝毫怀疑和不确定,因为我们可以看到您之前制定的所有伟大目标都已实现。虽然我们的舰队遭受了重大破坏,但我们一定要记住,我们的希望和未来主要依赖于我们的部队,而非舰队。我们的部队现在很安全。而此刻希腊舰队也不可能派出更多的兵力前去支援,置更多人于险境。

马尔多尼乌斯说完这些之后,又说了许多类似的话

第十二章 薛西斯返回波斯

来鼓舞国王继续坚持下去，但都收效甚微。薛西斯一直保持着沉默，看起来非常困惑。最后，马尔多尼乌斯提了个建议，即使国王觉得自己应该回苏萨城去，那也不能放弃征服希腊的计划，而是应该给马尔多尼乌斯留下一部分兵力，让他率领部队继续作战，直至伟业实现，毕竟远征刚开始的时候波斯军的确所向披靡。他确信三十万兵力就足以征服希腊。

马尔多尼乌斯的话让薛西斯的内心产生了很大触动。实际上，但凡能让他逃离目前所面临的危险的计划，他都会非常乐意接受。他回复马尔多尼乌斯说他还要与其他舰队首领讨论一下这个问题。他确实这么做了，在最终下定决心之前，他想和阿尔泰米西娅商量一下此事。他记得阿尔泰米西娅曾建议他不要在萨拉米斯岛对希腊开战，而事实也证明，她的建议是非常明智的，因此他觉得问问她对此事的意见会比较保险。

于是，薛西斯派人将阿尔泰米西娅请了过来，还屏退了其他所有官员和侍从，然后两人进行了一番密谈。

他说："马尔多尼乌斯建议我们不能因为此次失败就放弃征服希腊的计划，因为海上舰队对我们并不重要，我们的陆军还毫发无损。他还建议，如果我自己要回苏萨城的话，那么我应该给他留下三十万兵力，然后他将率领那些人继续完成征服希腊的伟大计划。给我说说你的看法。你在预见萨拉米斯海战的结果时表现出了远见卓识,现在我特别想知道你是怎么想的。"

阿尔泰米西娅思考了一番说道,在这种情形下很难决定到底怎么做最好,但最终她给出的建议是国王最明智的做法就是采纳马尔多尼乌斯的意见。"他自愿留下来要征服整个希腊,您准许他留下来并不会对您有任何影响。您入侵希腊之前就昭告天下此行的主要目标是焚毁雅典。现在这一目标已经完成,您已经完成了自己的意愿,可以正大光明地回到苏萨城去。如果马尔多尼乌斯最后真的能征服希腊,那么这份荣耀对您亦有裨益。人们会认为他只是沿着您开辟好的道路成功完成了收尾工作。但万一他失败了,这份耻辱就是马尔多尼乌斯一个人的,您最多就是失去了这位将领而已。因此无论结局怎样,您本人都会是安全的,您的利益和荣誉不会受到任何损害。如果马尔多尼乌斯愿意承担这份责任,冒险继续抗争下去,那我会给他这个机会的。"

薛西斯非常乐意和开心地采纳了阿尔泰米西娅的意见。阿尔泰米西娅的一番分析让薛西斯意识到,这种选择不仅与自己之前内心的真实想法吻合,而且还非常明智。于是薛西斯立即决定自己返回苏萨城,然后让马尔多尼乌斯留下来继续完成征服希腊的计划。在实施这项计划的时候,他决定要在大批军队和所有高官要员的陪

第十二章 薛西斯返回波斯

同和护送下从陆路北上直到达达尼尔海峡。然后在那里将兵权交给马尔多尼乌斯，让他在其中挑选出一批人同他一起留在希腊，而薛西斯则率领剩下的那部分人一起返回苏萨城。

事情往往就是这样，人会因为恐慌想要撤退，殊不知，撤退只会让人倍感恐慌。这是一条铁律。薛西斯决定从希腊撤退之后，他内心的恐惧就开始与日俱增，生怕有人会阻挠他的撤退，因此他并没有想象中那么轻松。他害怕万一那座由船只支撑建造的桥被毁，那他又该怎样度过达达尼尔海峡。为了防止希腊舰队得到消息后也向北行进，毁掉桥梁从而切断自己的撤退路线，薛西斯决定撤离的时候要尽量隐蔽。因此，当他在陆地上迅速高效地安排各项撤离事宜的时候，他还把舰队召集在海边，开始用这些船只搭建一座从陆地跨到萨拉米斯岛的漂浮在水上的桥梁，给人一种还要继续行进的假象。整整一天，他把自己的撤退计划延后，忙着开展搭桥的工作，直至夜晚来临。天还没有黑定，他就让自己的家人和亲戚登上阿尔泰米西娅的船只，这只船由一位对薛西斯非常忠心和可靠的人负责。薛西斯命人把他们送往以弗所，那是位于小亚细亚的一座实力雄厚的城市，薛西斯认为家人和亲戚们去了那里会比较安全。

夜晚来临的时候，薛西斯命令士兵们停止修建桥梁以及其他一切活动，立即收锚启航。薛西斯命他们想尽一切办法去往达达达尼尔海峡，然后驻守在那里守卫那座桥，直到薛西斯到达。第二天一早，当太阳升起的时候，希腊人惊讶地发现他们的敌人消失不见了。

这样一来，希腊舰队的士兵们很快就开心激动地站到了甲板上。希腊舰队的指挥官们决定立即追击波斯舰队。船员们扬帆，起锚，然后船员各自就位，整支舰队开始快速行进。舰队一直开到安德罗斯岛，行进途中他们一直急切地向四周海平面望去，却一直没能看到波斯人的踪迹。于是，尤利比亚德下令让船只靠岸，所有的指挥官集合开会，商议下一步行动计划。

接着人们就此展开讨论，此时雅典人和伯罗奔尼撒半岛上其他城邦的人又产生了敌意和分歧。这一次双方意见不一致是有原因的。雅典人的基业已经尽毁。波斯人焚毁了雅典城，劫掠了整个国家，迫使雅典人的妻子和孩子都背井离乡悲苦不堪。现在雅典人一心想着的只有报仇。因此他们主张继续航行追击敌军，如果实在追不上的话，那就尽全力在薛西斯之前到达达尼尔海峡，毁掉桥梁，让他无处可逃。这就是提米斯托克利的主张。但尤利比亚德以及伯罗奔尼撒半岛上其他城邦的舰队首领们则主张不要在波斯舰队撤退的时候一直这样追赶，毕竟他们的实力非常强大，如果他们真的打算撤离希腊，

第十二章　薛西斯返回波斯

那么希腊人愿意让他们走。毁掉桥梁的最终结果只能是这个可怕的敌人一直留在希腊。经过投票，其他人都否决了地米斯托克的观点，希腊舰队总指挥官最终决定让波斯舰队撤离。

提米斯托克利的观点遭到众人否决后，他又想出来一个非常大胆的计谋，而这也是他军事生涯中非常重要的一点。他再次派人给薛西斯传送了一个虚假的信息。这一次他还是派出了上一次在萨拉米斯海战前夕送信给薛西斯的西琴诺斯。他给西琴诺斯派了一艘战舰，然后挑选了数十位忠心耿耿的人陪同西琴诺斯一起去。提米斯托克利让这些人发毒誓，无论在何种情况下都绝不向任何人谈及此次任务。在这些人的陪同下，西琴诺斯在夜间悄然离开舰队，然后驶往阿提卡海岸。在那里登陆之后，西琴诺斯走下战舰，让船员留守，自己则带了两个仆人向波斯军营走去，请求面见国王薛西斯。进到薛西斯的营帐之后，西琴诺斯对薛西斯说，自己是代表希腊最著名的指挥官提米斯托克利来此送信的，之前希腊军想要全力赶往达达尼尔海峡，想要截断波斯军的退路，但是提米斯托克利觉得自己是薛西斯的朋友，上一次就冒着风险来给薛西斯送信，这一次他竭力劝阻希腊舰队的其他指挥官留在原地。经过他的一番劝说，希腊舰队决定待在南部海岸，不去阻挠波斯军队的撤离。

薛西斯大帝

西琴诺斯说的都是谎话,但提米斯托克利却认为只有这样说才能达到自己的目的;因为即便自己现在是希腊最勇敢最受重视的军事将领,未来也还是有可能为了保命而流亡在外。因此提前与波斯国王交好对他就很重要,尽管这种建立在伪善和虚假的基础之上的交好用处并不大。提米斯托克利作为一名希腊将领,在本国会议中受到挫败后,他在这么短的时间内就能如此冷静地向敌军传递消息,只为和薛西斯攀交情;且他传递的竟然还是错误信息,这简直就是一种赤裸裸地欺骗,且这种欺骗手段也是将大胆与故弄玄虚几近发挥到了极致。

薛西斯率军马不停蹄地向北行进。但因为他们在来的路上曾洗劫了周边这些国家,耗尽了这些地区的供给,因此,现如今薛西斯发现他很难再从这些地区获得食物和水。波斯军队用了 45 天的时间才到达达达尼尔海峡。在这段时间内,军队供给的匮乏以及面临的困难都愈加严重。将士们身心俱疲,还要不时应对敌军的侵扰。军队启程的时候,成千上万的病患和伤员还试图跟着大部队,但随着队列的行进,他们慢慢就落到了后面。有的人留在了营帐里,有的人在行军途中无力跟上大部队的时候就直接躺在了路边。一路上随处可见坏掉的战车、死去和将死的负重牲畜以及倒在路边的士兵,它们几乎堵塞了整条道路。总而言之,所有通往北部地区的道路

第十二章 薛西斯返回波斯

上都是这种可怕的场景,而这通常标志着军队停止入侵准备撤离。

最后,人们实在没有东西可吃,就开始吃草本植物的根茎,甚至直接把树皮扯下来吞到肚子里,期望这些东西能够提供一些基本的营养,至少能暂时维持一下生命。此外,除了饥荒的折磨,军队中还出现了各种传染性疾病,行军条件进一步恶化。在沿着爱琴海海岸行进的过程中,军队爆发了军营热、霍乱以及其他一些易腐坏和易传染的疾病;那些因罹患可怕疾病而身体机能紊乱的病患死后尸体腐烂,病毒通过空气将疾病传播给其他人,最终在这些可怕事件的影响下,波斯军队的人数锐减。

最终,薛西斯仅率领着剩下的那一小部分军队抵达了达达尼尔海岸附近的阿拜多斯。薛西斯发现桥梁已经坍塌,狂风和暴雨也已经将其余东西尽数毁坏。之前薛西斯命人花费大量的时间辛苦建造起来的巨大建筑物已经不复存在,甚至没有留下一丝存在过的痕迹,只有四周的海滩上还留有一些残骸,而这些残骸一半已经埋在了土里。此时波斯舰队还仅剩下几艘小船,薛西斯自己坐上了一艘小船,然后让其他几位侍从坐上剩余的那几艘小船,不再兼顾身后那些精疲力竭的士兵,自顾自地划向对岸,最终安全抵达海峡的亚洲海岸那侧。

薛西斯大帝

薛西斯登陆的地方是塞斯托斯。他从塞斯托斯去到萨迪斯城,然后继续赶路,很快就回到了苏萨城。马尔多尼乌斯留在了希腊。马尔多尼乌斯是一位作战经验丰富且领兵能力特别强的将领。薛西斯撤离之后,他很快就重新改编了军队,优化了队伍结构。然而,他最终还是没能完成自己的雄心壮志。他发起了多次进攻,其中有胜也有败,这并不是我们要叙述的重点,也就不赘述了,最终在一次大规模的战役中他不幸落败,战死沙场,而波斯军也被迫投降,希腊军将他们永远地驱逐出境。

当薛西斯回到苏萨城,回到自己的宫殿里,他发现自己终于又安全了,于是欣喜万分。他回顾自己一路走来遇到的艰难险阻、风餐露宿以及各种危险,非常庆幸自己能够从中逃离,于是他决定再也不这么冒险了。壮志已酬,荣誉等身,现在他只想好好地享受生活。作为波斯帝国的国王,他既已决定享受生活,自然就不会特别介意享受生活的方式方法,也不会介意那些和他一起分享快乐的人的身份和地位,于是很快这位国王就过上花天酒地、寻欢作乐的逍遥生活。他开始沉溺于这种迟来的狂欢中,这种狂欢常常从前一天晚上一直持续到第二天,然后第二天晚上再继续。薛西斯将国家政务全部交由大臣们处理,自己什么事情都不过问,任由自己沉溺在这种声色犬马的骄奢淫逸里无法自拔。

第十二章　薛西斯返回波斯

薛西斯有三个儿子，分别是大流士、叙司塔斯佩斯和亚达薛西，他们都属于王位的继承人。其中，叙司塔斯佩斯王子住在与苏萨城相邻的一个省区内，其他两位王子住在苏萨城中。薛西斯的宫廷中还有一位非常有名的官员阿尔塔巴诺斯，他的名字和之前劝说薛西斯不要攻打希腊的那个薛西斯的叔叔的名字一样。薛西斯第一次穿过达达尼尔海峡之后，曾下令让那位名叫阿尔塔巴诺斯的叔叔返回苏萨城，但是后来这个人再也没有出现在人们的视野中，最终消失不见了。这第二个叫做阿尔塔巴诺斯的人是国王贴身护卫的首领，也是经常负责执行国王命令的行刑人。国王置身在自己的宫殿中，有家人的陪伴，还有阿尔塔巴诺斯以及其他护卫的保护，他觉得艰辛和危险已经远去，现在自己可以安全地享受生活了。但是，他并不知道自己即将面临最大的危险。阿尔塔巴诺斯已经在暗中策划谋杀自己。

有一天，薛西斯在寻欢作乐的时候，大皇子大流士因为某件事情惹得薛西斯不高兴了，于是薛西斯就下令将大流士处死。薛西斯下达处死命令的时候已经喝醉了，阿尔塔巴诺斯以为等他醒来就会忘记这件事。但是国王并没有忘记这件事。第二天他开始质问阿尔塔巴诺斯为什么没有执行自己的命令。这时，阿尔塔巴诺斯开始担心起自己的安全，他决定立即执行之前一直在反复考虑的那个计划，那就是杀了薛西斯全家，然后自己登上王位。他想方设法收买了薛西斯的侍从，然后在这个人的默许和帮助之下，他在夜间偷偷溜进国王的寝室，趁薛西斯睡觉的时候将他杀死了。

阿尔塔巴诺斯将刺杀薛西斯的那把血淋淋的凶器留在现场，然后他很快冲进了薛西斯的小儿子亚达薛西的寝室。阿尔塔巴诺斯将亚达薛西突然摇醒，然后用一副特别惊恐和害怕的表情和声音对他说，他的父亲被人杀死了，是他的兄弟大流士杀死了他的父亲。接着阿尔塔巴诺斯说到，"他的目的是想继承王位，确保不会有人和他争夺，因此接下来他要杀的就是你了。现在你赶紧起来自卫。"

听到这个消息，亚达薛西顿时怒不可遏。他立即拿起武器，冲到大流士的寝殿，然后当场杀死了他那无辜的哥哥。在这个颇为复杂的悲剧之后，紧接着又连着发生了一些类似的暗杀行动。其中，阿尔塔巴诺斯以及他的所有拥护者都死了，最终亚达薛西登上了王位，接替他父亲统治波斯帝国。

附录
专有名词英汉对照

Atossa	阿托莎
Cyrus the Great	居鲁士大帝
Caspian Seas	里海
Scythia	西徐亚
Cambyses	冈比西斯
Caesar	凯撒大帝
Darius	大流士大帝
William the Conqueror	威廉一世
England	英格兰
Napoleon	拿破仑
Place Vendome	旺多姆广场
Alfred	阿尔弗雷德
Egypt	埃及
Susa	苏萨
Phaedyma	帕蒂玛
Greece	希腊
Italy	意大利
Hellespont	达达尼尔海峡

Bosporus	博斯普鲁斯海峡
Scythian	西徐亚人
Sparta	斯巴达
Corinth	科林斯
Artobazanes	阿托巴赞
Demaratus	德马拉托斯
Media	米底
Artabanus	阿塔巴鲁斯
Asia Minor	小亚细亚
Mediterranean Sea	地中海
Nile	尼罗河
Arabs	阿拉伯人
Herodotus	希罗多德
Pheron	法老弗伦
Nilometers	标尺
Mempis	孟菲斯
Oxford	牛津
Cambridge	剑桥
Mardonius	马尔多尼乌斯
Judea	朱迪亚
Babylon	巴比伦
Datis	达提斯
Battle of Marathon	马拉松之战
Ionian	爱奥尼亚
Asia	亚洲
Africa	非洲

附录 专有名词英汉对照

Europe	欧洲
Aegean Sea	爱琴海
Sardis	萨迪斯
Assyria	亚述
Ethiopia	埃塞俄比亚
Macedon	马其顿
Thrace	色雷斯
Thermopylae	塞莫皮莱
Danube	多瑙河
Histiaeus	西斯提艾奥斯
Lacedaemon	斯巴达平原
Hercules	赫拉克勒斯
Mont Athos	阿索斯山
Holy Mountain	圣山
Lemnos	利姆诺斯
Thessaly	赛萨里亚
Phoenicians	腓尼基人
Halys	哈里斯河
Phrygia	佛里吉亚
Celaenae	迪纳尔
Pythius	皮西耶斯
Euxine Sea	黑海
Meander	米安德河
Lydian	吕底亚人
Caria	卡里亚
Croesus	克罗伊斯

薛西斯大帝

Eclipse of sun	日食
Jupiter	朱庇特
Abydos	阿拜多斯
Sestos	塞斯托斯
Mysia	密西亚
Mountain Ida	艾达山
Alexander	亚历山大大帝
Priam	普里阿摩斯
Doriscus	多利斯卡斯
Chersonesus	克森尼索半岛
American Revolution	美国独立战争
House of Commons	下议院
The Immortals	不死军
The Black	黑海
Demaratus	狄马拉图斯
Artemisia	阿尔泰米西娅
Halicarnassus	哈利卡纳苏斯
Helen	海伦
Agetus	阿盖托斯
Ariston	阿里斯托
Nine Ways	九岔路
Acanthus	阿坎瑟斯
Artachaees	阿塔凯耶斯
Therma	塞尔马
Athens	雅典
Sparta	斯巴达

附录　专有名词英汉对照

Peloponnesus	伯罗奔尼撒半岛
Argia	阿耳癸亚
Delphi	德尔菲
Leonidas	奥尼达斯
Eurotas	厄洛塔斯河
Gorge	歌果
Salamis	萨拉米斯
Isthmus of Corinth	科林斯地峡
Themistocles	提米斯托克利
Argos	阿戈斯
Sicily	西西里王国
Gelon	杰隆
Syracuse	锡拉库扎
Corcyra	克基拉
Adriatic Sea	亚得里亚海
Corfu	科孚岛
The River of Peneus	佩纽斯河
Mountains Olympus	奥林匹斯山
Ossa	奥萨山
Olympic Straits	奥林匹克峡谷
Pelion	皮利翁山
Strait of Thermopylae	滕比河谷
The Vale of Tempe	温泉关
Euboea	埃维厄岛
Euripus	埃夫里普
Sidonian	西顿

薛西斯大帝

Phocis	福基斯
Sciathus	西阿苏斯岛
Magnesia	马格尼西亚
Artemisium	阿提密西安峡道
Attica	阿提卡地区
Saronian Gulf	萨罗尼克湾
Aegina	埃伊纳岛
Salamis	萨拉米斯岛
Eurybiades	尤利比亚德
Histiaea	希斯提阿伊亚
Ephialtes	厄菲特阿尔特
Cythera	赛西拉
Cephisus	刻菲索斯
Mount Parnassus	帕尔纳索斯山
Castalian spring	卡斯塔利亚泉
Alpine plants	高山植被
Catalian spring	卡斯塔利亚泉
Apollo	阿波罗
Muses	缪斯
Acropolis	雅典卫城
Minerva	密涅瓦女神
Phidias	菲迪亚斯
Parthenon	万神庙
Port of Athens	雅典港
Mnesiphilus	尼西菲卢斯
Italy	意大利

附录　专有名词英汉对照

Phalerum	法勒鲁斯
Sunium	苏尼海角
Aristides	阿尔塔巴诺斯
Tenos	亚里斯泰迪斯
Paraetius	特纳斯
Delian	帕拉埃提乌斯
Bay of Salamis	提洛岛
Damasithymus	萨拉米斯海湾
Colias	达玛西提摩斯
Ephesus	科里亚斯
Andros	以弗所
Setos	安德罗斯岛
Hystapes	塞斯托斯
Artaxerxes	叙司塔斯佩斯
Artabanus	亚达薛西